会计仿真实训教程

U0881151

财务管理实训

会计仿真实训平台项目组 编著

清华大学出版社
北 京

内容简介

本书依据财务管理岗位的任职要求进行编写，以培养学生的财务管理技能为宗旨，共设计 9 个实训项目：财务管理总论；资金时间价值和风险估价；筹资管理；营运资金管理；项目投资管理；证券投资管理；利润分配管理；财务预算与控制；财务分析。本书全部采用仿真单据，以便学生能获得真实的业务操作体验。同时，学生还可以通过本书配套的账号进行在线实训，及时巩固学习成果，了解技能掌握实际情况。

本书作为“基于仿真实训与学习过程管理的财经实务技能开发系统”项目的配套成果之一，充分体现了业务仿真、突出技能的特色。

本书适合高职高专、应用型本科院校作为财经管理专业的实训教材使用。

图书在版编目(CIP)数据

财务管理实训/会计仿真实训平台项目组编著．—北京：清华大学出版社，2018
(会计仿真实训教程)
ISBN 978-7-302-49370-9

Ⅰ．①财…　Ⅱ．①会…　Ⅲ．①财务管理－职业教育－教材　Ⅳ．①F275

中国版本图书馆 CIP 数据核字(2018)第 014911 号

责任编辑：吴梦佳
封面设计：毛丽娟
责任校对：赵琳爽
责任印制：杨　艳

出版发行：清华大学出版社
网　　址：http://www.tup.com.cn，http://www.wqbook.com
地　　址：北京清华大学学研大厦 A 座　　**邮　　编**：100084
社 总 机：010-62770175　　**邮　　购**：010-62786544
投稿与读者服务：010-62776969，c-service@tup.tsinghua.edu.cn
质 量 反 馈：010-62772015，zhiliang@tup.tsinghua.edu.cn
印 刷 者：北京富博印刷有限公司
装 订 者：北京市密云县京文制本装订厂
经　　销：全国新华书店
开　　本：185mm×260mm　　**印　张**：12　　**字　　数**：289 千字
版　　次：2018 年 5 月第 1 版　　**印　　次**：2018 年 5 月第 1 次印刷
印　　数：1～3000
定　　价：48.00 元

产品编号：074167-01

丛书序

信息技术的发展正深刻改变着职业教育的教学模式，职业院校的师生迫切需要更加多样化的在线教学平台。“清华职教”(www.qinghuazhijiao.com)是在认真调研、精准把握职业院校课程改革以及在线教学需求的基础上，由清华大学出版社开发的，融虚拟仿真实训、富媒体教学资源、在线评测于一体的职业教育理实一体化课程平台。“清华职教”的在线课程除了传统的理论课、考证课之外，最大特色在于利用仿真技术开发的会计实训课。

“清华职教”旨在解决职业院校理论教学与实训教学相脱节、实训教学内容与企业真实业务不匹配的弊端，帮助学生真正提高实务操作技能，快速具备上岗能力。该项目于2014年被批准为新闻出版改革发展项目库入库项目，并获得财政部文化产业发展专项资金支持。

“清华职教”目前上线课程涵盖会计专业的主干实训课程和财经大类的部分理论课程。在线课程与纸质教材相配套，实现了理论课程与实训课程的相互配套，线上仿真实训与线下真账实操的相互融合。

“会计仿真实训教程”系列教材是“清华职教”所开发的13门实训课程的配套实训教材，分别是：出纳实训、纳税实训、审计实训、基础会计实训、财务会计实训、成本会计实训、税务会计实训、会计综合实训、财务管理实训、管理会计实训、会计电算化实训、财务报表分析实训、财经法规与会计职业道德实训。

“清华职教”会计仿真实训平台及配套教材具备以下八个方面的功能与特色。

1. 贴近岗位要求

根据不同会计岗位要求和课程特点，精选典型实训业务，如“出纳实训”除常规的现金、银行等业务仿真操作外，还提供了模拟网银操作；再如“纳税实训”，学生可登录模拟国税和地税局网站进行纳税申报；再如“会计电算化实训”，平台也实现了电算化模拟操作。

2. 虚拟仿真操作

无论是原始凭证、记账凭证还是各类账簿、报表等，全都与真实业务中的最新版本一样，学生不用进入企业实习就可以接触到真实的业务场景和单据，在线进行虚拟仿真操作：填写记账凭证；登记账簿；编制报表；画线；盖章；生成支付密码等。

3. 智能比对答案

学生在线完成实训业务后，点击“提交答案”，如填写有误系统会自动“报错”(以红色块标示)。错误之处可以重新填写，直至答对。学生也可以查看“正确答案”，自主分析错误原因；还可以将填写内容全部清空，然后重新填写，反复实训。

4. 实时反馈成绩

每门实训课程的首页会根据学生实训进度和答题正确率，实时反馈学习成绩，生成综合报告，以便学生整体把握实训成绩。教师也可以在线组建班级，动态跟踪本班全部学员的实训情况。

5. 理实一体开发

实训课程通过“外部课程”链接与理论课程建立关联，充分实现理实一体的设计理念，服务职业院校理实一体化教学。

6. 内容体系科学

实训课程内容在充分体现会计岗位要求的基础上，按照职业院校会计专业的教学计划和课程标准，采用“项目—任务—业务”的编排体系，符合职业教育的教学规律。

7. 课程资源丰富

全部实训任务在线提供PPT课件，重难点任务还提供视频和微课讲解。学生实训时可以对照课件和视频，边学习边实训。

8. 线上线下结合

全部13门实训课程都配套出版纸质教材，提供仿真单据簿和各类账证表。学生通过教材附赠的序列号即可登录平台进行在线学习与实训，从而实现了线上学习与线下学习的结合，线上实训与手工实操的互补。

“清华职教”会计仿真实训平台的开发和配套教材的出版，是清华大学出版社在互联网教育领域的新尝试，是基于互联网提供会计课程整体解决方案的新做法，我们衷心期待这套产品的使用者给我们提出宝贵的意见和建议，以便我们的创新能够走得更稳；也衷心期待有志于互联网会计教学改革的院校和教师与我们一起，共同开发更符合院校特色专业建设要求的定制平台，共同打造会计教学的新模式。

“清华职教”将努力打造更多样的仿真实训课程、更精品的专业课程资源、更智能的数字学习方式，让教育者不再为缺乏教学资源而苦恼，让学习者真正学到有用的技能，让课堂学习不再与社会需求脱节。

会计仿真实训平台项目组

2017年12月

前　言

财务管理是财经类专业的一门重要课程。随着时代的发展和现代企业的变革，财务管理不断向着更深层次发展，也对财务管理的教学提出了更高的要求。然而，目前财务管理课程的教学内容、形式、手段等多方面仍难以跟上现代复合型应用人才的培养要求，与企业财务管理的岗位需求也存在一定的差距。

为辅助财务管理教学，提高学生将所学理论知识运用于实务操作的能力，我们编写了《财务管理实训》一书。本书以企业的经济活动为例，按照财务管理岗位的要求设计实训项目和任务，素材丰富，资料翔实，实训内容具有实用性和可操作性。通过实训，可以提高学生对财务管理岗位的理解，提高实际操作技能。

本书共 9 个项目：财务管理总论；资金时间价值和风险估价；筹资管理；营运资金管理；项目投资管理；证券投资管理；利润分配管理；财务预算与控制；财务分析。本书按照由浅入深、先分后总的顺序安排实训业务，每个项目下设多项任务，包括一项项目综合实训，综合本项目的理论知识和实践要求，进行综合实训项目的练习，教师可依实际教学需求进行取舍，安排实训进度。

本书配有实训教学平台，依财务管理教学实践和岗位要求设计实训业务，具有以下三大特点：一是系统性强，体现财务管理的岗位要求；二是内容全面，涵盖财务管理的多个方面，投资管理、筹资管理及财务预算和财务分析等方面都有详细的实训业务；三是贴近岗位实际，实训所运用的图表和业务都是模拟企业真实的业务，财务管理中涉及的计算也都是岗位实际工作中的常用计算。平台能够智能化地处理表单计算结果，强化学生计算财务分析数据、理解财务管理相关指标、运用财务分析方法的能力。

通过本书及配套实训平台，学生可以进行线下真账实操、线上反复实训，从而熟练掌握财务管理的相关理论知识和操作技能。

本书及配套实训平台的编写、开发得到了财经管理专业教师、企业一线财务管理人员和教育技术人员的大力帮助，在此深表谢意。由于水平有限，书中难免存在疏漏和不足，恳请读者朋友批评指正。

会计仿真实训平台项目组

2017 年 10 月

目　录

项目 1

财务管理总论

任务 1.1　了解财务管理的含义

【业务 1.1.1】

(单选题)以下三位同学关于财务管理的说法较为准确的是(　　)。

A. 丽丽：财务不就是会计吗？我们已经学过基础会计、财务会计，怎么还要学习财务管理呢？

B. 陈晓：这就叫进一步学习，尽管财务就是会计，上学期学习的是怎么做账，这学期学习的是怎么管账。

C. 陈敏：你们都错了，我妈是公司财务，她说财务管理就是教我们如何管钱，怎么取得钱，怎么用钱。

D. 以上都不对。

【业务 1.1.2】

(多选题)上海美新商贸有限公司会计林丽整理的下列原始凭证中，所反映的经济业务直接涉及财务管理对象的有(　　)。

A. 领料单(见图 1-1)　　　　B. 收款收据(见图 1-2)

领　料　单

领料部门：1号厂房

用　途 生产实地板　　　　2017 年 01 月 08 日　　　　第　　002 号

材料			单位	数量		成本									
						单价	总价								
编号	名称	规格		请领	实发		百	十	万	千	百	十	元	角	分
01	铝型材料		千克	1000	1000	13.00			1	3	0	0	0	0	0
合计								¥	1	3	0	0	0	0	0

会计联

部门经理：周白　　　会计：王丽　　　仓库：张慧　　　经办人：李琦

图 1-1　领料单

C. 转账支票存根(见图 1-3)　　　　D. 入库单(见图 1-4)

收 款 收 据　　现金收讫　NO. 2017

2017 年01 月12日

今 收 到 李奇

金额（大写）　零 拾　零 万　壹 仟　零 佰　零 拾　零 元　零 角　零 分

¥ 1,000.00　☑现金　☐支票　☐信用卡　☐其他　收款单位（盖章）

第三联会计联

核准　会计 张雯　记账　出纳 李丽　经手人

图 1-2　收款收据

中国工商银行
转账支票存根
30909320
20617230

附加信息

出票日期 2017 年 01 月 11 日

收款人: 正信资产评估事务所

金　额: ¥ 25000.00

用　途: 评估费

单位主管　会计

图 1-3　转账支票存根

入 库 单

2017 年 01 月 03 日　　单号 30583900

交来单位及部门	采购部	验收仓库	第一仓库		入库日期	2017.01.03	
编号	名称及规格	单位	数量		实际价格		
			交库	实收	单价	金额	
01	铝型材料	千克	4000	4000			
合计			4000	4000			

财务联

财务经理：张丽　仓库主管：周白　经办人：李琦　制单人：李浩

图 1-4　入库单

【业务 1.1.3】

(单选题)下列各项中体现债权与债务关系的是(　　)。

A. 企业与债权人之间的财务关系

B. 企业与受资者之间的财务关系

C. 企业与债务人之间的财务关系

D. 企业与政府之间的财务关系

【业务 1.1.4】

(多选题)上海美新商贸有限公司发生的以下事项属于财务管理内容的有(　　)。

A. 发行股票 500 万股,筹集资金 1000 万元

C. 借入一笔 5 年期的长期借款

C. 董事会决定将本年利润用于扩大生产的储备资金

D. 聘请一批海外专家扩充公司科研队伍

任务 1.2 明确财务管理的目标

【业务 1.2.1】

(单选题)每股利润最大化目标与利润最大化目标相比具有的优点是( )。

A. 考虑了资金时间价值

B. 考虑了风险因素

C. 可以用于同一企业不同时期的比较

D. 不会导致企业的短期行为

【业务 1.2.2】

(单选题)实现股东财富最大化目标的途径是( )。

A. 增加利润　　B. 降低成本

C. 提高投资报酬率和减少风险　　D. 提高股票价格

【业务 1.2.3】

(多选题)金陵易能达商贸有限公司成立之初,聘任王敏为CFO,负责公司财务管理工作。作为新成立公司的CFO,王敏需重点达成的财务管理目标是( )。

A. 筹集企业发展所需资金

B. 偿还到期债务

C. 通过合理、有效地使用资金使企业获利

D. 力求以收抵支

任务 1.3 熟悉财务管理的环节与环境

【业务 1.3.1】

(单选题)财务管理的核心是( )。

A. 财务预测　　B. 财务决策　　C. 财务预算　　D. 财务控制

【业务 1.3.2】

(单选题)按证券交易的方式和次数,金融市场可分为( )。

A. 贴现市场和回购市场　　B. 货币市场和资本市场

C. 基础性金融市场和金融衍生市场　　D. 发行市场和流动市场

任务 1.4　项目综合实训

【业务 1.4.1】

根据背景资料(见图 1-5～图 1-7),填写财务管理含义分析表。

背景资料:

日本企业的财务管理

资本是日本企业进行生产经营的前提条件，股东的投资是企业的最初资本。作为企业支柱和经营源泉的资本进入企业以后，经过循环周转，促使资本不断增值，以保证企业得以存在和发展。

一、 财务管理

日本企业的财务管理活动具体表现为资本的筹集和运用。记录和核算作为财务对象的资本发生变动时，所使用的方法是财务会计，而在进行财务管理时则主要是使用管理会计。

二、 资本的筹集和运用

日本企业资本筹集的来源有外部金融和内部金融之分：①外部金融主要有商业信用、信贷金金融、证券金融等；② 内部金融主要有发行股票（增资）、 保留利润、 计提折旧费及财产处理等。

日本企业资本运用的具体表现形式有：① 货币储备；② 赊销投资；③ 库存投资；④有形有形资产投资；⑤ 无形资产投资；⑥ 公司对外投资；⑦ 创业投资；⑧ 科研开发投资；⑨资本筹资投资。

三、财务部门的职能

（1）筹集和运用资金。这是日本企业财务部门的第一个职能。企业进行生产经营需要一定量的资金，而这些资金的筹集和运用是以财务部门为中心实现的。

（2）担当财务会计工作。这是日本企业财务部门的第二个职能。财务会计通过记录、收集、处理资本变动情况，提出企业经营活动的有关情报，客观而真实地反映企业财务状况及经营成果，保护企业财产。

（3）担当管理会计工作。日本企业的会计工作，除财务会计外， 还有管理会计。根据日本商法有关规定，财务会计具有强制性，而管理会计没有法定强制性，是否设置由企业自行决定。

财务会计为研究企业以往经营状况提供情报。管理会计则不同，它为研究企业未来如何发展提供会计情报。管理会计的重要任务，就是为企业进行合理决策提供切实可靠的情报。

四、财务管理的范围

财务管理是企业管理的重要组成部分，其范围主要包括以下三个方面。

（1）财务政策。它是企业组织和进行资本筹集与运用业务工作的指南。

（2）财务计划。它是企业财务政策的具体化。把企业在计划期内财务活动的内容、程序和目标、数据具体表现出来。

（3）财务控制。它是在财务计划实施过程中对财务活动所进行的指导、限制和调整。

图 1-5　日本企业的财务管理

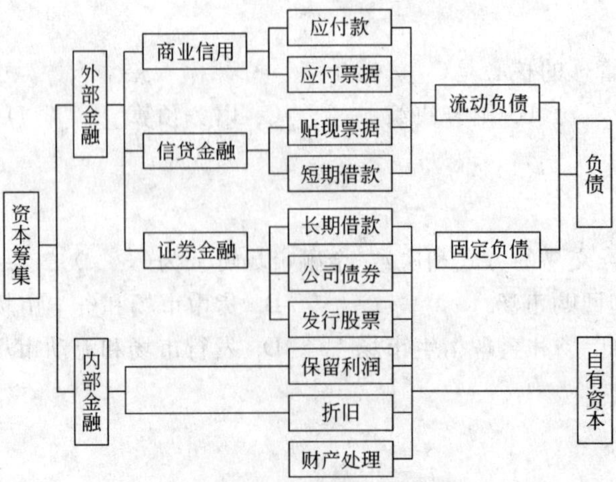

图 1-6　日本企业的资本筹集

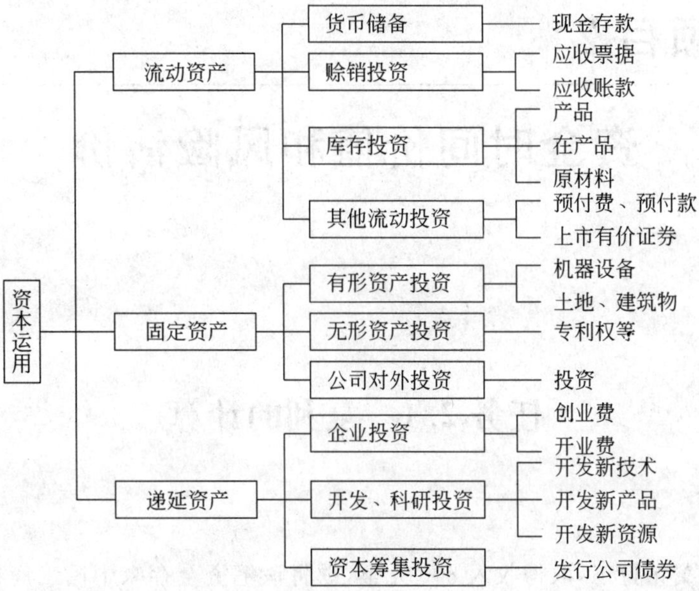

图 1-7　日本企业的资本运用

单据：

财务管理含义分析表

财务管理与企业管理的关系	财务管理的核心内容

【业务 1.4.2】

(单选题)承接业务 1.4.1,本案例中集中体现的日本企业的财务管理目标是(　　)。

A. 偿还到期债务

B. 扩大生产规模

C. 促进资本不断增值,保证企业生存与发展

D. 扩大经营规模

【业务 1.4.3】

(多选题)承接业务 1.4.1 和业务 1.4.2,日本企业的财务管理主要围绕资本的筹集和运用展开,本案例中提到的财务管理范围主要包括(　　)。

A. 财务政策　　B. 财务计划　　C. 财务控制　　D. 财务预算

项目 2

资金时间价值和风险估价

任务 2.1　复利的计算

【业务 2.1.1】

李明假期到餐馆打工，取得收入 800 元整，欲将该笔资金存入中国工商银行，以备 5 年后使用。他从中国工商银行网站上查得人民币存款利率(见图 2-1)，但对具体计息方式不甚了解，于是拨打了中国工商银行服务热线。在客服人员的帮助下，李明对比了整存整取五年期和一年期存款的计息方式，最后决定将该笔资金以五年期整存整取方式存入银行。试判断李明的计算过程和结果(见图 2-2)是否正确以及李明的决策的正确性。

说明：定期存款利息计算方式为在存款期内按单利计息，到期办理相应手续后可转存，即将该存款期内的利息计入本金作为下一期的本金计算复利。

背景资料：

项　　目	年利率(%)
一、城乡居民及单位存款	
(一) 活期	0.36
(二) 定期	
1. 整存整取	
三个月	1.71
半年	1.98
一年	2
二年	2.79
三年	3.33
五年	4
2. 零存整取、整存零取、存本取息	
一年	1.71
三年	1.98
五年	3
3. 定活两便	按一年内定期整存整取同档次利率打 6 折

图 2-1　人民币存款利率

项　　目	年利率(%)
二、协定存款	1.17
三、通知存款	
一天	0.81
七天	1.35

图　2-1(续)

一年期整存整取，每年年末办理相应手续，将利息转入本金在下一年继续计息，则应按2%的利率复利计息，不考虑相应手续费，5年后可取出的金额F为

$F=P\times(F/P,2\%,5)=800\times1.1041=883.28$(元)

按五年期整存整取，则每年的利息都是一样的，即按800元本金、4%年利率计息，则5年后可取出的金额F为

$F=800+800\times4\%\times5=960$(元)

相对比而言，选择五年期整存整取较为有利。

图 2-2　李明的计算过程和结果

单据：

利息计算及相关决策判断表

判 断 项 目	判断结果(对或错)
一年期整存整取 5 年后本息的计算过程	
一年期整存整取 5 年后本息的计算结果	
五年期整存整取 5 年后本息的计算过程	
五年期整存整取 5 年后本息的计算结果	
选择五年期整存整取的决策	

【业务 2.1.2】

2013 年 1 月 1 日，王明在中国工商银行存入一笔现金，采取一年期的存款方式。之后三年内，王明在到期日都将本息取出后又按一年期存入，直至 2016 年 1 月 1 日。根据背景资料(见图 2-3 和图 2-4)，以下关于该笔存款 2016 年 1 月 1 日本息合计金额的计算正确的是(　　)。

A. $1000\times(F/P,3.15\%,3)$　　B. $1000\times(P/F,3.15\%,3)$

C. $1000\times(P/F,3.51\%,3)$　　D. $1000\times(F/P,3.51\%,3)$

背景资料：

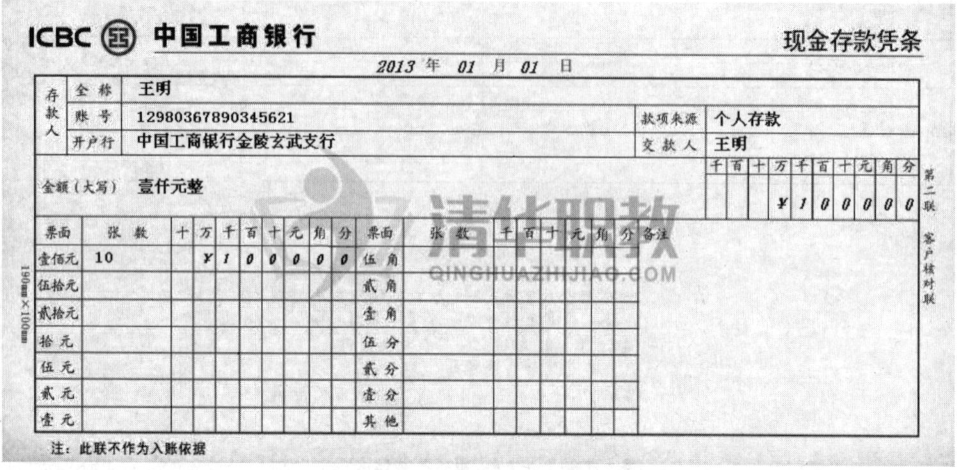

ICBC 中国工商银行　　现金存款凭条

2013 年 01 月 01 日

存款人	全称	王明		
	账号	12980367890345621	款项来源	个人存款
	开户行	中国工商银行金陵玄武支行	交款人	王明

金额（大写）壹仟元整　　千百十万千百十元角分：¥100000

票面	张数	十万千百十元角分	票面	张数	千百十元角分	备注
壹佰元	10	¥100000	伍角			
伍拾元			贰角			
贰拾元			壹角			
拾元			伍分			
伍元			贰分			
贰元			壹分			
壹元			其他			

注：此联不作为入账依据

190mm×100mm　　第二联　客户核对联

图 2-3　现金存款凭条

存款种类	存期	年息(%)
零存整取	五年	3.87
存本取息	一年	3.15
存本取息	三年	3.51
存本取息	五年	3.87

图 2-4　人民币存款利率

【业务 2.1.3】

1626 年，一群新移民用价值 24 美元的饰物从印第安人手中买下了曼哈顿岛，360 年后的 1986 年，曼哈顿市值达到 560 亿美元，很多人觉得印第安人吃了大亏，事实果真如此吗？假定当时的印第安人将 24 美元存入银行，按年利率 8%的复利计算，请计算 1986 年印第安人将获得多少资金，填写资金价值计算表。

说明：计算结果保留整数。

单据：

资金价值计算表

项　目	计算公式	计算过程	计算结果
60 年后的价值(P_1)	24×(F / P,8%,60)		
120 年后的价值(P_2)	P_1×(F / P,8%,60)		
180 年后的价值(P_3)	P_2×(F / P,8%,60)		
240 年后的价值(P_4)	P_3×(F / P,8%,60)		
300 年后的价值(P_5)	P_4×(F / P,8%,60)		
360 年后的价值(P_6)	P_5×(F / P,8%,60)		

【业务 2.1.4】

将一张厚为一厘米的硬纸对折 20 次，求最后的高度，这实际上就是一个求复利终值的例子。请根据复利终值公式计算该硬纸对折 20 次后的高度，填写纸张对折后高度计算表。

说明：计算结果保留两位小数。

单据：

纸张对折后高度计算表

项　　目	数　　值
对折前高度：P(米)	
每次对折增长率：i (%)	
对折次数：n(次)	
计算过程	
最后高度：F(米)	

【业务 2.1.5】

李丽于 5 年前购买大洋机电股票 10 万股，并一直持有至今。2017 年，大洋机电决定发放现金股利(见图 2-5)，李丽收到现金股利后自己计算所得的年收益率为 4%。假定这 5 年间大洋机电除此次发放股利外没有其他分配活动，股票市价为 15 元/股。请计算李丽 5 年前购买该 10 万股股票的初始投资额，填写初始投资额计算表。

背景资料：

中山大洋机电股份有限公司

2016年年度利润分配实施公告

本公司及董事会全体成员保证公告内容的真实、准确和完整，并对公告中的虚假记载、误导性陈述或重大遗漏承担责任。

重要内容提示：每10股派发现金股利人民币8元。

股权登记日：2017年5月18日。

除权除息日：2017年5月19日。

新增可流通股份上市流通日：2017年5月19日。

现金红利发放日：2017年5月19日。

一、通过利润分配方案的股东大会届次和日期

2017年5月5日，公司2016年年度股东大会审议通过了"公司2016年年度利润分配及公积金转增股本方案"，股东大会决议公告刊登于2015年5月6日《证券时报》及巨潮资讯网 (http://www.cninfo.com.cn)上。

二、分红方案

2016年年度利润分配方案为：以公司现有总股本 126000000 股为基数，按每10股派发现金人民币8元。

……

图 2-5　2016 年年度利润分配实施公告

单据：

初始投资额计算表

项　　目	数　　值
股票现有价值，即股利＋现有市价：F(元)	
年收益率：i (%)	
期数：n(年)	
计算过程	
初始投资额：P(元)	

【业务 2.1.6】

宋凯准备将 100000 元用于投资，他希望在 9 年后本利达到 200000 元。假定你是宋凯的理财规划师，请帮助宋凯分析所投资项目的最低报酬率，填写复利报酬率计算表。

说明：答案有小数位的保留四位小数，无小数位的保留整数。

单据：

复利报酬率计算表

项　　目	数　　值
初始投资额：P(元)	
预期本利：F(元)	
投资期限：n(年)	
复利现值系数	
$(F/P,8\%,9)$对应的系数	
$(F/P,9\%,9)$对应的系数	
最低报酬率计算公式	$\frac{(F/P,9\%,9)-(F/P,8\%,9)}{9\%-8\%}=\frac{2-(F/P,8\%,9)}{i-8\%}$
最低报酬率(%)	

【业务 2.1.7】

承接业务 2.1.6，宋凯决定投资一项年收益率 7% 的理财产品。假定你是宋凯的理财规划师，请帮助宋凯分析多少年后投资本利可以达到 200000 元，填写复利投资期计算表。

说明：答案有小数位的保留四位小数，无小数位的保留整数，投资期保留整数(有小数位的进一位)。

单据：

复利投资期计算表

项　　目	数　　值
初始投资额：P(元)	
预期本利：F(元)	

续表

项　目	数　值
年收益率：i(%)	
复利现值系数	
$(F/P,7\%,10)$对应的系数	
$(F/P,7\%,11)$对应的系数	
最低投资期计算公式	$\frac{(F/P,7\%,11)-(F/P,7\%,10)}{11-10}=\frac{2-(F/P,7\%,10)}{n-10}$
最低投资期：n(年)	

任务 2.2　年金的计算

【业务 2.2.1】

王源 3 岁时，父亲在银行为他开设了小博士账户，每年春节都会将 1000 元压岁钱存入该账户。假定该笔存款的年利率为 5%，15 年后，王源考上大学，要将小博士账户上的存款全部取出来交学费，请填写压岁钱账户存款计算表。

单据：

压岁钱存款金额计算表

项　目	数　值
每年春节存款额：A(元)	
连续存款年数：n(年)	
年利率：i(%)	
查得的普通年金终值系数：$(F/A,i,n)$	
15 年后账户存款额：$A\times(F/A,i,n)$(元)	

【业务 2.2.2】

(单选题)2015 年 1 月 1 日，金陵钱多多公司借入一笔款项用于厂房改造，公司确定的未来三年还款计划见图 2-6。以下关于这笔借款金额计算正确的是(　　)。

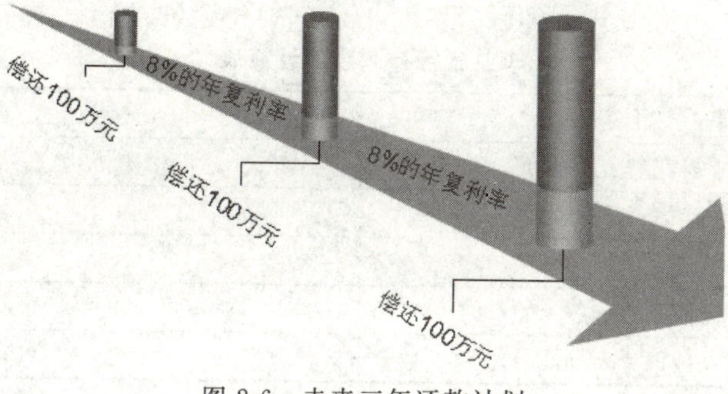

图 2-6　未来三年还款计划

A. $P=A\times(P/F,8\%,3)=100\times0.7938=79.38$(万元)

B. $P=A\times(P/A,8\%,3)=100\times2.5771=257.71$(万元)

C. $F=A\times(F/A,8\%,3)=100\times3.2464=324.64$(万元)

D. $F=A\times(F/P,8\%,3)=100\times1.2597=125.97$(万元)

【业务 2.2.3】

平安保险推出“钟爱一生”养老保险，王浩查阅了该险种的特点、保单利益，咨询了相关人士，决定从 30 岁开始参加该保险。该养老保险的交费期为 20 年，王浩需从 31 岁一直交到 50 岁；保证领取期为 20 年，从 51 岁到 70 岁每年领取固定金额。假定王浩所交保险折合为交费期终止时点的终值为 221295 元，年利率为 5%，请计算王浩 51 岁后每年应至少领取多少金额才能保证参与该保险是划算的，填写养老保险领取金额计算表。

说明：计算结果保留两位小数。

单据：

养老保险领取金额计算表

项　目	数　值
初始投资额：P(元)	
年利率：i(%)	
回收期：n(年)	
查得的普通年金现值系数：$(P/A,i,n)$	
每年领取金额：A(元)	

【业务 2.2.4】

陈晓计划大学毕业后参加一次户外探险，该旅行项目目前的市场价格为 13000 元。由于该旅行项目很受欢迎，预计费用将有所上涨，同时考虑通货膨胀，陈晓预计 4 年后自己参加该旅行所需费用为 20000 元。为此，陈晓参加了毕业旅行储蓄计划，该计划专门针对在校大学生设计，按年复利率 10%计息，要求每学年末定期存入相应账户相等金额，并在毕业当年年末启用。假定你是储蓄顾问，请帮陈晓计算每学年末应存入的金额，填写毕业旅行存款金额计算表。

说明：存款金额计算结果保留两位小数。

单据：

毕业旅行存款金额计算表

项　目	数　值
4 年后毕业旅行所需花费：F(元)	
连续存款年数：n(年)	
年利率：i(%)	
查得的普通年金终值系数：$(F/A,i,n)$	
每学年年末应存入金额：A(元)	

【业务 2.2.5】

(单选题)上海美新商贸有限公司于 2017 年 1 月 1 日向金陵钱多多家具有限公司订购一套高档家具,双方签订了分期付款买卖协议(见图 2-7),则下列销售单的金额正确的是(　　)。

背景资料:

分期付款买卖协议

甲方:金陵钱多多家具有限公司

乙方:上海美新商贸有限公司

甲方与乙方就产品分期买卖事宜,达成以下协议。

第一条　本合同的标的物为定制家具,乙方采取分期付款方式购买,总额为人民币15000元整。乙方按照下列规定支付款项予甲方。

(1)预付金额:5000元。付款日期:2017年1月1日。

(2)分期付款日期:2018年1月1日、2019年1月1日。

(3)各分期付款额:5000元、5000元。

(4)计息方式:按6%复利计息,分期付款额中已含利息。

第二条　甲方应于本合同订立后一年内(即2018年1月1日之前)向乙方交付定制家具。

……

甲方:金陵钱多多家具有限公司　　乙方:上海美新商贸有限公司

签订时间:2017年 01月01日

金陵钱多多家具有限公司 合同专用章　　上海美新商贸有限公司 合同专用章

图 2-7　分期付款买卖协议

A. 销售单 1(见图 2-8)　　B. 销售单 2(见图 2-9)

C. 销售单 3(见图 2-10)　　D. 销售单 4(见图 2-11)

金陵钱多多家具有限公司

销售单

NO. 22567430

地址:金陵市玄武区中山路88号

电话:0688-86615898　　邮编:200021

客户名称:上海美新商贸有限公司

地址电话:上海市中山北路155号　021-50196666　　日期:2017.01.01

编码	产品名称	规格	单位	单价	数量	金额	备注
01	定制家具		套	15000.00	1	15000.00	
	人民币(大写):壹万伍仟元整					¥15000.00	

业务联

销售经理:　　会计:　　仓管:周慧　　签收人:　　经办人:王玲

图 2-8　销售单 1

金陵钱多多家具有限公司

销售单

NO. 22567430

地址：金陵市玄武区中山路88号

电话：0688-86615898　　邮编：200021

客户名称：上海美新商贸有限公司

地址电话：上海市中山北路155号　021-50196666　　　日期：2017. 01. 01

编码	产品名称	规格	单位	单价	数量	金额	备注
01	定制家具		套	5000.00	1	5000.00	
	人民币（大写）：伍仟元整					￥5000.00	

业务联

销售经理：　　会计：　　仓管：周慧　　签收人：　　经办人：王玲

图 2-9　销售单 2

金陵钱多多家具有限公司

销售单

NO. 22567430

地址：金陵市玄武区中山路88号

电话：0688-86615898　　邮编：200021

客户名称：上海美新商贸有限公司

地址电话：上海市中山北路155号　021-50196666　　　日期：2017. 01. 01

编码	产品名称	规格	单位	单价	数量	金额	备注
01	定制家具		套	14167.00	1	14167.00	
						￥14167.00	
	人民币（大写）：壹万肆仟壹佰陆拾柒元整						

业务联

销售经理：　　会计：　　仓管：周慧　　签收人：　　经办人：王玲

图 2-10　销售单 3

金陵钱多多家具有限公司

销售单

NO. 22567430

地址：金陵市玄武区中山路88号

电话：0688-86615898　　邮编：200021

客户名称：上海美新商贸有限公司

地址电话：上海市中山北路155号　021-50196666　　　日期：2017. 01. 01

编码	产品名称	规格	单位	单价	数量	金额	备注
01	定制家具		套	13365.00	1	13365.00	
						￥13365.00	
	人民币（大写）：壹万叁仟叁佰陆拾伍元整						

业务联

销售经理：　　会计：　　仓管：周慧　　签收人：　　经办人：王玲

图 2-11　销售单 4

【业务 2.2.6】

金陵钱多多公司决定连续5年于每年年初存入100万元作为住房基金，银行存款利率为6%，请计算第5年年末能一次性取出的本利和，填写住房基金存款金额计算表。

单据：

住房基金存款金额计算表

项　　目	数　值
每年存入金额：A(元)	
年利率：i(%)	
存款期限：n(年)	
预付年金终值系数：$(F/A,i,n+1)-1$	
5年后的本利和：F(元)	

【业务 2.2.7】

2010年1月1日，李浩参加创业计划大赛获一等奖，取得一笔创业资金，李浩在当日把该笔资金存入银行账户。4年后，李浩每年年末可从该账户中支取创业资金10000元，连续支取6年，直至2019年年末才全部取完。假定年利率为6%，请计算李浩当时获得的创业资金的金额，填写创业资金金额计算表。

单据：

创业资金金额计算表

项　　目	2014年1月1日折现值(P_1)计算	创业资金原始金额(P_2)计算
计算公式	$P_1=A\times(P/A,i,n)$	$P_2=P_1\times(P/F,i,m)$
A值、P_1值(元)		
i(%)		
n、m(年)		
年金现值系数$(P/A,i,n)$		—
复利现值系数$(P/F,i,m)$	—	
计算结果(元)		

【业务 2.2.8】

金陵钱多多家具有限公司因业务发展需要，向中国工商银行金陵玄武支行借入一笔长期借款，银行借款合同见图2-12。请根据银行借款合同计算长期借款金额，以会计李娜的身份填写记账凭证中的金额。

背景资料：

银行借款合同

甲方：金陵钱多多家具有限公司

乙方：中国工商银行金陵玄武支行

甲方因业务发展需要，依据第五次股东大会决议，特向乙方申请借款，经乙方审查同意发放。为明确双方责任，特签订本合同。

一、甲方向乙方借款人民币（大写）××××元整，用于基础设备更新换代。

二、借款期约定为20年，从2017年1月1日至2036年12月31日。乙方保证按照信贷计划，在下达的贷款指标额度内贷出资金，甲方保证按规定的借款用途用款。

三、贷款利息：贷款年利率按10%复利计算。

四、还款方式：前10年（2017年1月1日至2026年12月31日）不需要还本付息，后10年（2027—2036年）每年12月31日还款500000元。

……

甲方：金陵钱多多家具有限公司　　　　乙方：中国工商银行金陵玄武支行

签约日期：2017年01月01日

图 2-12　银行借款合同

单据：

记　账　凭　证

2017年01月01日　　　　记　字第021　号

摘　要	总账科目	明细科目	借方金额（亿千百十万千百十元角分）	贷方金额（亿千百十万千百十元角分）	√
借入款项	银行存款	中国工商银行金陵玄武支行			□
	长期借款				□
					□
					□
					□
					□
合　　计					□

附单据 1 张

会计主管：　　记账：　　出纳：　　复核：　　制单：

【业务 2.2.9】

2016 年 12 月 31 日，金陵钱多多公司股东会通过决议，捐赠一笔资金给学校用于设立永久性奖学金。假定年利率为 5%，请计算公司应该捐赠多少元才能保证每年发放 20000 元奖学金，填写奖学金捐赠金额计算表。

单据：

奖学金捐赠金额计算表

项　目	数　值
每年奖学金支出：A(元)	
年最低报酬率：i(%)	
2016 年一次性存入金额：P(元)	

【业务 2.2.10】

(单选题)2015 年,小王花 500000 元购进金陵易能达商贸有限公司 10000 股股票,每年年末均可分得 20000 元固定股利。金陵易能达商贸有限公司的股票年收益率为(　　)。

A. 4%　　B. 4.25%　　C. 5%　　D. 5.25%

任务 2.3　风险的衡量

【业务 2.3.1】

(判断题)在长期的捕捞实践中,渔民们深深地体会到,有"风"就意味着有"危险",风会带来无法预测的灾难性危险。根据这一关于风险来源的传说判断下面这句话的正误:风险总是和不确定性联系在一起的。(　　)

【业务 2.3.2】

李浩和王敏两人玩扔硬币的游戏,双方约定:出现正面时,李浩支付 100 元给王敏;出现反面时,王敏支付 100 元给李浩。请计算游戏中李浩和王敏的平均收益,填写平均收益计算表。

单据:

平均收益计算表

项　目	数　值
出现正面的概率(%)	
出现反面的概率(%)	
出现正面时李浩的收益(元)	
出现反面时李浩的收益(元)	
李浩的平均收益(元)	
出现正面时王敏的收益(元)	
出现反面时王敏的收益(元)	
王敏的平均收益(元)	

【业务 2.3.3】

2017 年 3 月 15 日,金陵钱多多公司召开董事会,会议决议事项中包括对 3 月 1 日经理会提交的投资方案的讨论,各董事们对投资方案的意见不一。由于公司近期资金紧张,只能从中择优进行投资。请根据附件中两个投资项目的相关资料(见图 2-13 和图 2-14),计算各自的投资收益均值及标准差,并据此确定公司应投资的项目。

说明:计算结果保留两位小数。

背景资料：

东山农业观光旅游项目投资提案

东山农业观光旅游项目投资提案

近年来，随着农业旅游的推广，越来越多的游客纷纷涌向了农村，在体验农家生活的过程中感受自然、放松身心，由此也带来了农业观光旅游的发展。

东山农业观光旅游项目正是在这样的大背景下酝酿并成熟起来的。

一、 该方案预期收益分析

发生概率	0.2	0.2	0.2	0.4
预期收益率	5%	10%	20%	25%

注：概率是参照行业分析资料中相关信息确定的。

二、 项目投资的可行性

1. 自然资源条件分析

(1) 东山农业生态园发展良好，自然风光优美，空气清新，一年四季皆适宜游人观赏旅游。

(2) 杨梅等果实采摘季节的到来，尤适宜开展参与式农业旅游。

2. 人力资源条件分析

……

3. 市场情况分析

……

4. 市场容量预测分析

……

第1页，总29页

图 2-13 东山农业观光旅游项目投资提案

白城沙滩浴场开发项目投资提案

白城沙滩向来是游客最集中的地段之一，在此处开发沙滩浴场，预期收益可观，经过相关咨询和实地调查，投资机会已经成熟，现将相关资料数据整理如下。

一、　该方案预期收益预测分析

发生概率	0.3	0.3	0.1	0.3
预期收益率	−10%	6.7%	30%	50%

注：概率是参照行业分析资料中相关信息确定的。

二、　项目投资的可行性

1. 自然资源条件分析

(1) 夏季温度适宜，海滩风景优美。

(2) 全民游泳运动的开展，内海环境尤适宜全家性游泳。

2. 人力资源条件分析

……

3. 市场情况分析

……

4. 市场容量预测分析

……

图 2-14　白城沙滩浴场开发项目投资提案

单据：

投资决策表

项　　目	结　　果
东山农业观光旅游项目期望收益率(%)	
白城沙滩浴场开发项目期望收益率(%)	
单纯从期望收益考虑应选择的项目	
东山农业观光旅游项目标准差(%)	
白城沙滩浴场开发项目标准差(%)	
综合考虑期望收益和标准差应选择的项目	

【业务 2.3.4】

李浩为进行投资选择查找了相关资料，最后锁定以下两个选择：①购买东方集团发行的股票；②购买长安集团的债券。李浩计算的相关指标为：购买股票的期望收益为 15 万元，标准差为 1.5%；购买债券的期望收益为 20 万元，标准差为 2.5%。如果以期望收益作为决策依据，那么李浩应选择债券投资；如果以标准差作为决策依据，那么李浩应选择股票投资。两个结果刚好相反，李浩很犯难，请你帮助李浩确定最终的投资选择。

单据：

投资决策表

项　　目	结　　果
东方集团股票的期望收益(万元)	
东方集团股票的标准差(%)	
东方集团股票的标准离差率(%)	
长安集团债券的期望收益(万元)	
长安集团债券的标准差(%)	
长安集团债券的标准离差率(%)	
选择依据	选择标准离差率小者
选择结果	

【业务 2.3.5】

金陵钱多多公司欲购入一只股票，现有东方集团、长安集团两只股票供选择。在董事圆桌会议上，董事们各抒已见。

李浩：东方集团股票的期望收益更高，可以考虑购买。

王敏：东方集团股票的标准差更大，风险相对较大。

林丽：不管从绝对量上衡量还是从相对量上衡量，东方集团股票的风险都较大，而在期望收益上两者相差不大，建议公司购买长安集团股票。

请结合股票收益预测表，指出各位董事的判断依据，并判断谁的投资建议更为稳妥。

说明：计算结果保留两位小数。

背景资料：

股票收益预测表

市场状况	概率	东方集团股票预期收益(万元)	长安集团股票预期收益(万元)
繁荣	0.3	50	40
一般	0.5	20	20
萧条	0.2	−5	5

单据：

风险综合分析表

项　目	结　果
李浩发言涉及的指标	
东方集团股票的期望收益(万元)	
长安集团股票的期望收益(万元)	
王敏发言涉及的指标	
东方集团股票的标准差(%)	
长安集团股票的标准差(%)	
林丽发言涉及的指标	
东方集团股票的标准离差率(%)	
长安集团股票的标准离差率(%)	
谁的投资建议更为稳妥	

任务 2.4　风险价值的计算

【业务 2.4.1】

李浩打算购买长安集团的股票，他通过《中国证券报》、巨潮资讯网等多处来源查得以下数据：预期收益率为 10%，标准差为 3%，风险价值系数为 25%。请根据以上数据计算该股票的风险报酬率，填写风险报酬率计算表。

单据：

风险报酬率计算表

项　目	数　值
标准差(%)	
预期收益率(%)	
风险价值系数(%)	
风险报酬率(%)	

【业务 2.4.2】

(单选题)李浩投资一房产项目，被告知该项目预期投资报酬率为 22%。假定以市场上国债加权平均利息率 6%估算无风险利率，则该项目的风险报酬率为(　　)。

A. 28%　　B. 22%　　C. 16%　　D. 6%

【业务 2.4.3】

2015 年 3 月 19 日，根据深圳证券交易所统计的最新数据显示：国债利息率为 8%，所有证券的平均报酬率为 14%。请根据背景资料计算深圳证券交易所成交量前 4 名证券的必要报酬率。

背景资料：

成交量前 4 名证券资料

证券名称	今　开	今　收	成交量	涨跌幅(%)	β系数
深发李 A	37.51	35.43	12042490	−6.98	1.5
神科 A	26.95	25.55	54900983	−5.37	1.0
兴农 A	9.5	9.12	9802016	−5.00	0.6
源星 A	7.3	6.95	9499598	−5.05	2.0

单据：

证券必要报酬率计算表

项　　目	计 算 过 程	计算结果(%)
深发李 A 的必要报酬率		
神科 A 的必要报酬率		
兴农 A 的必要报酬率		
源星 A 的必要报酬率		

【业务 2.4.4】

金陵钱多多公司准备进行证券投资，财务经理李丽查阅相关资料后进行了如下估算：根据上市公司近 5 年平均净资产收益率(见图 2-15)估算市场预期报酬率，并计算出标准差为 21%；按照 10 年以上国债利率平均水平(9%)确定无风险收益率。

背景资料：

近5年主要上市公司的重要指标一览表

沪市：

序号	代码	简称	每股收益增长率	每股净资产增长率(%)	净资产收益率(%)
1	600786	东方锅炉	29.73	22.42	13.63
2	600338	ST珠峰	100.74	100	5.62
3	600837	都市股份	63.28	-6.83	4.25
4	600309	烟台万华	2.19	-21.24	21.26
5	600205	山东铝业	31.98	17.06	10.87
6	600500	中化国际	103.03	-5.5	20.81
7	600886	国投电力	-23.55	-34.59	14.38
8	600182	桦林轮胎	112.44	33.78	23.92
9	600096	云天化	74.8	5.69	23.54
10	600022	济南钢铁	3.61	46.99	23.36

图 2-15　近 5 年主要上市公司重要指标一览表

深市：					
序号	代码	简称	每股收益增长率	每股净资产增长率(%)	净资产收益率(%)
1	8	亿安科技	3,809.21	138.39	12.97
2	951	中国重汽	320.76	87.06	4.57
3	618	吉林化工	502.25	78.26	3.97
4	617	石油济柴	58.94	-10.31	14.88
5	2041	登海种业	0.78	28.94	22.29
6	39	中集集团	118.71	-11.75	21.98
7	1696	宗申动力	78.77	48.77	11.32
8	22	深赤湾A	31.23	-5.11	18.92
9	2040	南京港	16.23	21.02	7.18
10	635	英力特	89.76	41.18	6.67
加权平均结算结果			109	43	15

图　2-15(续)

请根据上述资料计算下列组合的预期报酬率和标准差：①将财富全部投资于无风险资产；②1/3 财富投资于无风险资产，2/3 财富投资于市场组合；③全部财富投资于市场组合，额外又借入相当于原财富 1/3 的资金投资于市场组合。

单据：

预期报酬率和标准差计算表

投资组合	预期报酬率(%)	标准差(%)
组合(1)		
组合(2)		
组合(3)		

任务 2.5　项目综合实训

【业务 2.5.1】

2016 年 12 月 10 日，金陵饮料公司董事会通过了核心技术设备分层过滤处理机的采购计划。2017 年 1 月 1 日，采购部经理张小丽与商家进行洽谈后取得供应商报价函，并了解到详细的付款方式：第一种是从银行按 9%的利率贷款 360 万元向供应商支付设备采购款，以后 5 年于每年年末等额偿还银行本息；第二种是连续 5 年于每年年末支付供应商 100 万元。请根据背景资料(见图 2-16～图 2-18)，帮助张小丽选择合理的付款方式，填写付款方式决策表。

背景资料：

采购计划批复

为了进一步提高我公司产品的品质，引进先进生产设备，增强公司产品市场竞争力，由生产部联合市场部提出的分层过滤处理机采购计划具有很强的必要性，采购计划可行，预算合理，现经董事会讨论，批准该计划，并责成生产经理和采购经理共同负责该采购事宜。

金陵饮料公司董事会

2016年12月10日

图 2-16　采购计划批复

供应商报价函

关于本次询价采购项目，我公司认真阅读了贵公司发布的询价采购函，决定参加报价。

一、报价表

序号	货物名称	技术配置	数量	单价	金额
01	分层过滤处理机	/	1	360万元	360万元

合计：人民币叁佰陆拾万元整　￥3600000.00

二、交货期

合同签订后20日内将货物送至指定地点（金陵饮料公司），并完成安装调试工作。

……

北京开元机电设备有限公司

2017年01月01日

（北京开元机电设备有限公司 合同专用章）

图 2-17　供应商报价函

大型设备付款方式

付款方式	付款金额	备　注
采购时点一次性付款	360万元	可用信用卡
等额分5年付款，每年年末付款	100万元/年	不可用信用卡

图 2-18　付款方式

单据：

付款方式决策表

项　　目	结　　果
从银行一次性贷款金额：P(万元)	
贷款利率：i(%)	
还款期：n(年)	

续表

项　　目	结　　果
查得年金现值系数：$(P/A,9\%,5)$	
每年年末应偿还的贷款金额：A(万元)	
分期付款每年年末的支付金额(万元)	
应选择的付款方式	

【业务 2.5.2】

为进一步开拓市场，金陵饮料公司决定增设一生产线，生产新产品，目前进入最后讨论环节的有两个提案：瘦身果醋和运动能量饮品。请根据背景资料(见图 2-19 和图 2-20)计算两个提案的收益和风险，填写收益和风险计算表。

背景资料：

瘦身果醋生产线提案

瘦身果醋生产线提案

随着果醋瘦身效果被科学研究所证明后，市场上各大企业纷纷投产该产品，并在市场上受到广大消费者的推崇，部门在研究调查的基础上，认为在公司原有产品系列的基础上延伸发展果醋生产具有可行性和必要性。

具体分析如下。

一、　生产线预期收益预测分析

市场销路	好	一般	差
发生概率%	60	20	20
预期年净收益率(万元)	150	60	–10

注，根据专家预测的风险系数为 0.5 。

二、　生产线的可行性

1. 原有的生产能力尚有剩余

(1) 生产工人条件
(1) 生产设备条件

2. 资金条件分析

……

3. 市场情况分析

……

4. 市场容量预测分析

……

第 1 页，总 27 页

图 2-19　瘦身果醋生产线提案

运动能量饮品生产线提案

运动能量饮品生产线提案

运动能量饮品是在公司现有产品基础上结合市场需求开发的，公司现有产品系列主要以青春、活力等作为主题，而运动则是青春、活力最好的体现，故而该产品在市场的推广方面具有其他产品无以伦比的优势，现将主要优势阐述如下。

一、 生产线预期收益预测分析

市场销路	好	一般	差
发生概率%	50	20	30
预期年净收益率(万元)	180	85	-25

注：根据专家预测的风险系数为0.6。

二、 主要生产优势

1. 现有产品的互补产品

(1) 生产工人条件

(1) 生产设备条件

2. 资金条件分析

……

3. 市场情况分析

……

4. 市场容量预测分析

……

第1页，总21页

图 2-20 运动能量饮品生产线提案

说明：计算结果保留两位小数。

单据：

收益和风险计算表

生产线	期望收益(万元)	标准差(万元)	标准离差率(%)	风险报酬率(%)
瘦身果醋				
运动能量饮品				

【业务 2.5.3】

(多选题)承接业务 2.5.2，根据计算结果，以下结论正确的有(　　)。

A. 金陵饮料公司应新建瘦身果醋生产线，因为其期望收益更高

B. 金陵饮料公司应新建运动能量饮品生产线，因为其风险报酬更高

C. 从绝对量进行比较，运动能量饮品生产线的风险更高

D. 从相对量进行比较，瘦身果醋生产线的风险更高

项目 3

筹 资 管 理

任务 3.1　筹资概念及资金需求预测

【业务 3.1.1】

(多选题)金陵钱多多公司 2016 年 2 月 16 日发行股票 1000 万股,筹集资金 1000 万元人民币,该筹资方式属于(　　)。

A. 权益资金　　B. 外部筹资

C. 直接筹资　　D. 间接筹资

【业务 3.1.2】

金陵钱多多公司的发展历程如下。

2013 年 1 月 1 日成立时,钱多多、张丽各出资 100 万元,公司处于亏损阶段(创业期)。

2014 年 1 月 1 日,公司借入三年期银行借款 100 万元,公司处于亏损阶段(发展期)。

2015 年 1 月 1 日,公司采用融资租赁方式租入一台设备,公司处于盈利阶段(成熟期)。

2016 年 1 月 1 日,公司借入临时周转资金 15 万元,公司处于盈利阶段(成熟期)。请据此分析金陵钱多多公司不同发展阶段的筹资动机和方式。

说明:筹资动机有设立企业、扩大经营、偿还债务、临时周转等,筹资方式有股东入资、银行借款、融资租赁等。

单据:

公司不同发展阶段的筹资动机与方式

发展阶段	筹资动机	筹资方式
创业期		
发展期		
成熟期		

【业务 3.1.3】

金陵钱多多公司预计 2017 年销售收入将达到 180000 元，请根据背景资料(见图 3-1)，采用高低点法预测公司 2017 年的现金需求量，填写现金需求预测表。

背景资料：

现金占用与销售收入变动情况

年 度	销售收入：x（元）	资金占用：y（元）
2013	120000	80000
2014	140000	90000
2015	136000	88000
2016	160000	100000

图 3-1 现金占用与销售收入变动情况

单据：

现金需求预测表

项 目	计 算 过 程	计 算 结 果
单位变动资金：b(元)		
不变资金：a(元)		
2017 年现金需求量：y(元)		

【业务 3.1.4】

假设金陵钱多多公司的实收资本始终保持不变，2017 年预计销售收入将达到 5000 万元。请根据背景资料(见图 3-2)预测金陵钱多多公司 2017 年的外部融资额，填写外部融资额预测表。

背景资料：

2016年财务数据

项 目	金额（万元）	占销售收入（4000万元）百分比
流动资产	4000	100%
非流动资产	（略）	无稳定的百分比关系
应收账款	400	10%
其他负债	（略）	无稳定的百分比关系
当年的销售收入	4000	
净利润	200	5%
分配股利	60	
留存收益	140	

图 3-2 2016 年财务数据

单据

外部融资额预测表

项　目	计算过程	计算结果
增加的资产(万元)		
增加的负债(万元)		
股利支付率(%)		
收益留存率(%)		
增加的所有者权益(万元)		
外部融资额(万元)		

【业务 3.1.5】

承接业务 3.1.4,如果金陵钱多多公司的利润留存率为 100%,销售净利率提高到 6%,2017 年预计销售收入为 4500 万元。请计算该公司 2017 年的外部融资额,填写外部融资额计算表。

单据:

外部融资额计算表

项　目	计算过程	计算结果
增加的资产(万元)		
增加的负债(万元)		
收益留存率(%)	—	
增加的所有者权益(万元)		
外部融资额(万元)		

任务 3.2　权益资金的筹集

【业务 3.2.1】

(多选题)金陵钱多多公司由小王出资 100 万元人民币成立,并向小李借入 100 万元人民币用于购置必要的生产设备。相对于小李的 100 万元,小王的 100 万元具有的特点是(　　)。

A. 金陵钱多多公司不需要支付利息给小王

B. 在金陵钱多多公司存续期间,小王除依法转让外不得以任何方式抽回资本

C. 小王有权参与金陵钱多多公司的经营管理决策,取得收益

D. 金陵钱多多公司必须于每年年末向小王分配利润

【业务 3.2.2】

(多选题)金陵钱多多公司财务总监张洵一向反对公司发行股票,坚持通过吸收直接投资的方式进行融资。张洵认为,吸收直接投资不仅可以增强企业信誉,还可以在较短时间内形成生产力,并有利于降低财务风险,优点多多。张洵的儿子张峰在学习完财务管理之后,指出了吸收直接投资的下列缺点,其中较为妥当的有(　　)。

A. 资金成本高　　B. 企业控制权容易分散

C. 财务风险大　　D. 弱化企业信誉

【业务 3.2.3】

(单选题)金陵钱多多股份有限公司 2016 年的股票市价为 25 元/股,公司欲筹集 900000 元资金,假定股票发行总费用相当于发行价格的 10%,请计算金陵钱多多股份有限公司需要发行多少股普通股?

A. 90000　　B. 36000　　C. 40000　　D. 44000

【业务 3.2.4】

金陵钱多多股份有限公司计划于 2016 年投资 1000 万元购买设备,具体资金来源为:从银行借入一笔 600 万元的长期借款;将净利润除发放股利之外的剩余部分用于该项投资(2016 年净利润为 600 万元,股利发放率为 40%);其余资金通过发行股票筹集。假定公司股票发行价格为 2 元/股,请计算金陵钱多多股份有限公司需发行多少新股,填写新股发行股数计算表。

单据:

新股发行股数计算表

项　　目	数　　值
购买设备所需资金总额(万元)	
从银行借入的长期借款金额(万元)	
2016 年净利润中可用于该项投资的金额(万元)	
尚需通过发行新股筹集的金额(万元)	
股票发行价格(元/股)	
需发行的新股股数(万股)	

【业务 3.2.5】

金陵钱多多股份有限公司为开发新市场,通过了配股筹资方案并进行了公告(见图 3-3)。假设公司股票每股市价为 40 元,无长期负债,并且新筹集的资本能够得到良好的回报。请分别计算:新股数量,筹集的资本数量,配股后的公司总价值,配股后的股票价格。

说明:计算结果有小数位的保留小数,无小数位的保留整数。

背景资料：

2017年度配股发行公告

本公司及董事会全体成员保证公告内容真实、准确、完整，不存在虚假记载、误导性陈述或重大遗漏。

1.金陵钱多多股份有限公司（以下简称"公司"或"发行人"）配股方案已经公司2016年3月25日召开的第三届董事会第七次会议、2016年4月22日召开的2015年年度股东大会及2016年8月15日召开的第三届董事会第十三次会议表决通过。现本次配股申请已获得中国证券监督管理委员会证监许可[2017]52号文核准。

2.本次配股以2017年1月21日（股权登记日，R日）公司总股本1000000股为基数，按每10股配售3股的比例向股权登记日全体股东配售。本次配股全部采取网上定价方式发行，通过深圳证券交易所交易系统进行，由宏信证券有限责任公司作为保荐机构及主承销商负责组织实施。

3.本次配股价格为10元/股。

4.本次配股向截至股权登记日2017年1月21日（R日）下午深圳证券交易所收市后，在中国证券登记结算有限责任公司深圳分公司登记在册的隆基机械全体股东配售；公司控股股东隆基集团有限公司承诺以现金全额认购其可配股份。

5.本次配股结果将于2017年2月1日在《中国证券报》《上海证券报》《证券时报》《证券日报》和巨潮资讯网（http://www.cninfo.com.cn）上公告。

6.如本次发行失败，根据股东指定证券交易营业部的规定，如存在冻结资金利息，将按配股缴款额并加算银行同期存款利息（如有）扣除利息所得税（如有）后返还已经认购的股东。

7.本发行公告仅对发行人本次配股的有关事宜向全体股东进行说明，不构成对本次配股的任何投资建议。股东在做出认购配股决定之前，请仔细阅读2017年1月19日（R-2日）刊登在《中国证券报》《上海证券报》《证券时报》《证券日报》上的《金陵钱多多股份有限公司配股说明书摘要》以及刊载于巨潮资讯网（http://www.cninfo.com.cn）的《金陵钱多多股份有限公司配股说明书》全文及其他相关资料。有关本次发行的其他事宜，发行人和保荐机构（主承销商）将视需要在上述媒体上及时公告，敬请投资者留意。

金陵钱多多股份有限公司

2017年1月20日

图 3-3　2017 年度配股发行公告

单据：

配股发行指标计算表

项　　目	计 算 过 程	计 算 结 果
新股数量(万股)		
资本数量(万元)		
公司总价值(万元)		
股票价格(元/股)		

任务 3.3　银行借款和债券筹资

【业务 3.3.1】

金陵钱多多公司 2017 年 1 月 1 日与银行签订了一份周转信贷协议，协议核心条款为：周转信贷额度为 50 万元人民币；贷款利率为年利率 10%；按借款未使用部分收取 0.5%的承诺费。根据以往经验预计，金陵钱多多公司周转信贷额度的使用率为 60%。请计算金陵钱多多公司预计每年应向银行支付的承诺费以及该笔贷款的实际利率，填写银行借款成本计算表。

说明：实际利率保留两位小数。

单据：

银行借款成本计算表

项　　目	数　　值
未使用借款数(万元)	
应支付的承诺费(万元)	
实际支付利息(万元)	
实际使用本金(万元)	
实际利率(%)	

【业务3.3.2】

(单选题)金陵管理公司2015年与中国工商银行签订一份借款合同，其中交由财务部保管的合同副本(见图3-4)由于实习生王晓在整理过程中不慎操作，致使部分内容被墨迹掩盖。王晓万分着急，查阅了财务部相关资料，得知此次借款的实际利率为11.5%。请帮助王晓计算合同中被墨迹掩盖的补偿性余额比例为(　　)。

A. 11.04%　　B. 12.04%　　C. 13.04%　　D. 14.04%

【业务3.3.3】

金陵钱多多公司因业务发展需要，准备向中国工商银行申请一笔10万元的借款。财务部李浩致电中国工商银行咨询借款利率。客服人员回答说："借款10万元的年利率是10%，我们银行现在是按贴现法付息，您公司实际负担的利率应该是……"请帮助李浩计算客服人员电话中提到的实际利率是多少，填写实际利率计算表(贴现法)。

说明：实际利率计算结果保留两位小数。

单据：

实际利率计算表(贴现法)

项　　目	数　　值
实际利息(万元)	
实际可用贷款额(万元)	
实际利率(%)	

【业务3.3.4】

金陵钱多多公司为购入一辆重型卡车，向银行借款100万元，约定借款年利率为10%，借款期限1年。银行要求金陵钱多多公司分12个月等额偿还本息(加息法)，请计算这笔借款的实际利率，填写实际利率计算表(加息法)。

背景资料：

银行借款合同

立合同单位：

借款单位(简称甲方) 金陵管理公司

贷款单位(简称乙方) 中国工商银行湖里支行

甲方为进行建设和发展的需要，依据第五次股东大会决议，特向乙方申请借款，经乙方审查同意发放。为明确双方责任，恪守信用，特签订本合同，共同遵守。

一、甲方向乙方借款人民币(大写) 零 千壹 百零 拾零 万元，规定用于流动资金周转。

二、借款期约定为 壹 年 零 个月。即从 2015 年 1 月 1 日至 2016 年 1 月 1 日。乙方保证按设计计划和信贷计划，在下达的贷款指标额度内贷出资金。甲方保证按规定的借款用途用款。

三、贷款利息。贷款年利率按 10%计算。

四、甲方保证在其借款账户中按________的比例保存补偿性余额。

五、甲方保证按还款计划归还贷款本金。甲方如不能按期偿还，乙方有权从甲方的存款户中扣收。

违约责任（略）。

合同的附件:借款申请书，担保协议书。

双方商定的其他条件（略）。

本合同自签定之日起生效，贷款本息全部偿还后失效。

本合同正本三份，甲方、乙方、保证方各执一份，副本两份送乙方财会部门和有关部门。

借款单位(公章) 金陵管理公司　　　　法定代表人(签字) 钱多多

钱多多

贷款单位(公章) 中国工商银行湖里支行　　　　法定代表人(签字)张新伟

张新伟

图 3-4　银行借款合同

单据：

实际利率计算表(加息法)

项　　目	数　　值
实际利息(万元)	
贷款平均余额(万元)	
实际利率(%)	

【业务 3.3.5】

金陵钱多多公司 2017 年的预计资金需求量为 80 万元，可采取以下两种方式向银行借款。

方式 A：补偿性余额，年利率为 10%，补偿性余额比例为 20%。

方式 B：贴现法，年利率为 12%。

财务部主管王敏征求总经理意见后，决定采取实际利率最低的方案。请帮助王敏计算两种方式的实际利率以及最终需向银行申请的贷款金额，填写银行借款方式决策表。

说明：计算结果保留两位小数。

单据：

银行借款方式决策表

项　　目	数　　值
决策依据	实际利率最低
方式 A 的实际利率(%)	
方式 B 的实际利率(%)	
决策结果	
贷款金额(万元)	

【业务 3.3.6】

2017 年 1 月 1 日，金陵钱多多公司准备向银行借入一笔 20 万元的一年期贷款，财务经理王敏分别咨询了四家银行，提供的贷款条件分别如下。

中国工商银行：年利率 15%，没有补偿性余额，利息于 2017 年年底支付。

中国建设银行：年利率 12%，补偿性余额比例 15%，利息于 2017 年年底支付。

招商银行：年利率 11%，贴现法付息，补偿性余额比例 10%。

交通银行：年利率 8%，利息于 2017 年年底支付，但需要每月等额偿还本金。

王敏征求总经理意见后，决定向实际利率最低的银行贷款。请帮助王敏计算四家银行的实际利率，填写银行借款方式决策表。

说明：计算结果保留两位小数。

单据：

银行借款方式决策表

项　　目	数　　值
决策依据	实际利率最低
中国工商银行的实际利率(%)	
中国建设银行的实际利率(%)	
招商银行的实际利率(%)	
交通银行的实际利率(%)	
决策结果	

【业务 3.3.7】

金陵钱多多公司拟购入一台设备，总价款 10000 元，供应商的报价见图 3-5，请分别计算四种付款方式下的折扣率，填写折扣率计算表。

背景资料：

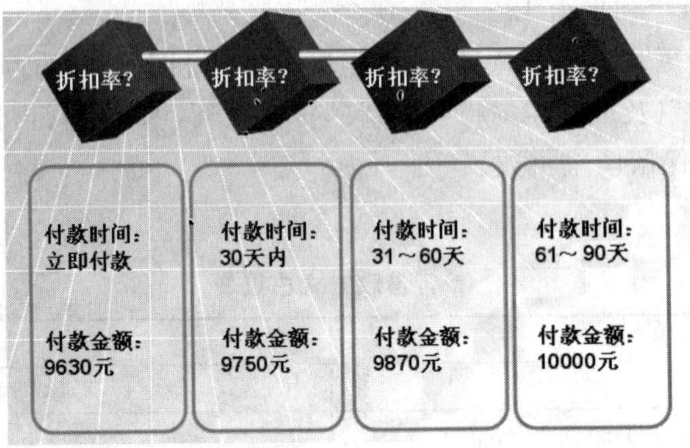

图 3-5　供应商报价

单据：

折扣率计算表

付款方式	付款金额(元)	总价款(元)	折扣率(%)
立即付款			
30 天内			
31～60 天			
61～90 天			

【业务 3.3.8】

金陵钱多多公司购入一批办公设备，总价款 10 万元，供应商提供的信用条件为“2/20，n/60”，请判断以下两种情况下金陵钱多多公司该如何进行决策，填写现金折扣决策表。

情况 A：企业现金不足，需从银行借入资金支付购货款，此时的银行借款利率为 12%。

情况 B：企业有能力支付，但现有一短期投资机会，预计投资收益率为 20%。

说明：计算结果保留两位小数。

单据：

现金折扣决策表

项　目	结　果
放弃现金折扣成本(%)	
银行借款利率(%)	
投资收益率(%)	
情况 A 决策(是否享受现金折扣)	
情况 B 决策(是否享受现金折扣)	

【业务 3.3.9】

金陵钱多多公司向中国工商银行借入一笔 1000 万元的长期借款，借款年利率为 10%，借款期限为 6 年。请计算以下两种还款方式分别应偿还的金额，填写还款金额计算表。

方式A：到期一次性还本付息应偿还的总金额(按复利计息)。

方式B：分期等额偿还每年应偿还的金额。

说明：计算结果保留两位小数。

单据：

还款金额计算表

项　目	计 算 过 程	计 算 结 果
方式A还款金额(万元)		
方式B还款金额(万元)		

【业务3.3.10】

金陵钱多多公司为扩大经营规模融资租入一台机器，该机器的市价为288万元，设备运抵公司过程中支付运费和保险费12万元，租期10年，租赁公司的融资成本为30万元，租赁手续费为20万元。租赁公司要求的报酬率为12%。请计算设备价款、租金总额以及每期应支付的租金，填写融资租赁租金计算表。

说明：计算结果有小数位的保留两位小数，无小数位的保留整数。

单据：

融资租赁租金计算表

项　目	结 算 过 程	计 算 结 果
设备价款(万元)		
租金总额(万元)		
年初等额支付租金(万元)		
年末等额支付租金(万元)		

【业务3.3.11】

金陵钱多多公司2015年1月1日发行面值500元、票面利率8%(年利率，单利计息)、5年期的债券，到期一次还本付息。请分别计算市场利率为6%、8%、10%三种情况下该债券的发行价格，填写债券发行价格计算表。

说明：发行价格保留两位小数。

单据：

债券发行价格计算表

项　目	市场利率6%	市场利率8%	市场利率10%
单利利息总额(元)			
到期需偿还的本利和(元)			
复利现值系数$(P/F,i,n)$			
本利和现值(即债券发行价格，元)			

【业务 3.3.12】

金陵钱多多公司 2015 年 1 月 1 日发行面值 1000 元、票面利率 10%、5 年期的债券，每年年末付息，到期还本。请分别计算市场利率为 8%、10%、12% 三种情况下该债券的发行价格，填写债券发行价格计算表。

说明：发行价格保留两位小数。

单据：

债券发行价格计算表

项　　目	市场利率 8%	市场利率 10%	市场利率 12%
每年支付利息额(元)			
年金现值系数($P/A,i,n$)			
所支付利息的现值(元)			
到期支付的面值(元)			
复利现值系数($P/F,i,n$)			
所支付面值的现值(元)			
本利和现值(即债券发行价格,元)			

【业务 3.3.13】

金陵钱多多公司拟通过发行债券融资 5000 万元，于 2015 年 1 月 1 日发行面值 2000 元、票面利率 9%、6 年期的债券，每年年末付息，到期还本。假定市场利率为 10%，请计算金陵钱多多公司应发行多少张债券，填写债券发行数量计算表。

说明：债券发行数量按进一法取整数。

单据：

债券发行数量计算表

项　　目	数　　值
每年支付利息额(元)	
年金现值系数($P/A,i,n$)	
所支付利息的现值(元)	
到期支付的面值(元)	
复利现值系数($P/F,i,n$)	
所支付面值的现值(元)	
本利和现值(即债券发行价格,元)	
债券发行数量(张)	

任务3.4 资本成本

【业务3.4.1】

(多选题)以下各项属于资本成本的有(　　)。

A. 东方公司发行股票所支付的评估费

B. 南海公司发行债券所支付的公证费、宣传费

C. 东方公司向工行借入长期借款每年支付的利息

D. 南海公司向股东分配的股利

【业务3.4.2】

(单选题)阅读行业分析报告摘要(见图3-6),确定其中的投资要点主要体现的影响资本成本的因素是(　　)。

中国银河证券

银河专题研究

航空业面临长线机遇

● 中国银河证券有限责任公司 研究中心

■ 投资要点

- 2006年中国航空市场出现加速增长的态势,中国经济持续增长带动商务、旅游、探亲访友的快速增长,航空已经成为国内外快速交通运输的首要选择,中国航空行业正在进入一个快速发展的黄金时代。
- 近期国际石油价格出现见顶回落的情况,连续几年大涨的航空燃油价格有希望逐步回归正常水平,燃油成本比例不断上涨的趋势即将出现周期性的转折,航空行业最困难的时候即将结束,航空行业的毛利率水平将逐步好转。
- 人民币币值长期稳定上升已经是必然趋势,对拥有巨大外资负债的航空类上市公司是比较大的支持,汇兑收益的扩大也将支持公司业绩的提高。
- 2008年北京奥运会和2010年上海世界博览会都将是中国航空公司的黄金收获季节,未来几年将是中国航空运输业的加速发展时期,所以现在也是长线关注航空类股票的良好时期。
- “中国国航”是目前国内规模均衡、服务品牌优秀、经营效益佳和组织结构相对合理的航空公司。
- 我们将航空业从“中性”评级上升为“买入”评级,将“中国国航”首次评级定为“买入”。

图3-6　行业分析报告摘要

A. 证券市场条件　　　　B. 企业内部的经营和融资状况

C. 项目融资规模　　　　D. 总体经济环境

【业务3.4.3】

(单选题)金陵钱多多公司从银行取得长期借款500万元,年利率为11%,期限5年,每年付息一次,到期一次还本。假设筹资费用率为0.5%,企业所得税税率为25%。在不考虑

货币时间价值的情况下，该笔长期借款的资本成本为（　　）。

A. 8.29%　　B. 9.29%　　C. 10.5%　　D. 11.5%

【业务 3.4.4】

金陵钱多多公司发行面值 1000 元、票面利率 8%的债券，已知债券发行费率为 4%，所得税税率为 25%，请分别计算平价发行和溢价发行（发行价格 1050 元）下的资本成本，填写债券成本计算表。

说明：债券成本保留两位小数。

单据：

债券成本计算表

项　　目	平价发行	溢价发行
债券面值（元）		
票面利率（%）		
票面利息（元）		
税后票面利息（元）		
发行费用（元）		
发行净现金流入（元）		
资本成本（%）		

【业务 3.4.5】

金陵钱多多公司 2015 年发行一批优先股，每股发行价格 5 元，发行费用 0.2 元，预计年股利 0.5 元，计算该批优先股的资本成本，填写优先股成本计算表。

说明：资金成本保留两位小数。

单据：

优先股成本计算表

项　　目	数　　值
预计年股利（元/股）	
股票发行价格（元/股）	
发行费用（元/股）	
发行净现金流入（元/股）	
资本成本（%）	

【业务 3.4.6】

金陵钱多多公司以每股 20 元的价格发行普通股，发行费率为 5%。公司预计第 1 年每股发放现金股利 1.5 元，以后每年股利增长率为 5%。计算公司发行股票的资本成本，填写普通股成本计算表。

说明：资金成本保留两位小数。

单据：

普通股成本计算表

项 目	数 值
第1年股利(元/股)	
股票发行价格(元/股)	
发行费用(元/股)	
股利增长率(%)	
资本成本(%)	

【业务3.4.7】

(单选题)金陵钱多多公司为满足未来的财务需求，拟增发300万股新普通股，每股发行价格10元，发行费率5%。同时，公司决定从当年实现的税后净利润中留存500万元。假设公司预期第1年发放的每股股利为1元，股利增长率为4%，则留存收益的资本成本为(　　)。

A. 9%　　B. 10%　　C. 12%　　D. 14%

【业务3.4.8】

金陵钱多多公司拟筹资1000万元，现有甲、乙两个方案可供选择(见图3-7)，请计算两个方案的加权平均资本成本，填写加权平均资本成本计算表，并确定最终方案。

说明：计算结果保留两位小数。

背景资料：

金陵钱多多公司筹资方案

资金来源	甲方案筹资额(万元)	甲方案资本成本(%)	乙方案筹资额(万元)	乙方案资本成本(%)
普通股	500	12	620	12
债券	300	10	200	10.5
长期借款	200	9	180	9

图3-7　筹资方案

单据：

加权平均资本成本计算表

项 目	甲 方 案	乙 方 案
普通股权重×资本成本(%)		
债券权重×资本成本(%)		
长期借款权重×资本成本(%)		

续表

项　目	甲 方 案	乙 方 案
加权平均资本成本(%)		
应选择的方案(填“是”或“否”)		

【业务 3.4.9】

金陵钱多多公司 2017 年拟筹集一笔资金,筹集计划见图 3-8,请计算该筹资计划的加权平均资本成本,填写加权平均资本成本计算表。

说明:计算结果保留两位小数。

背景资料:

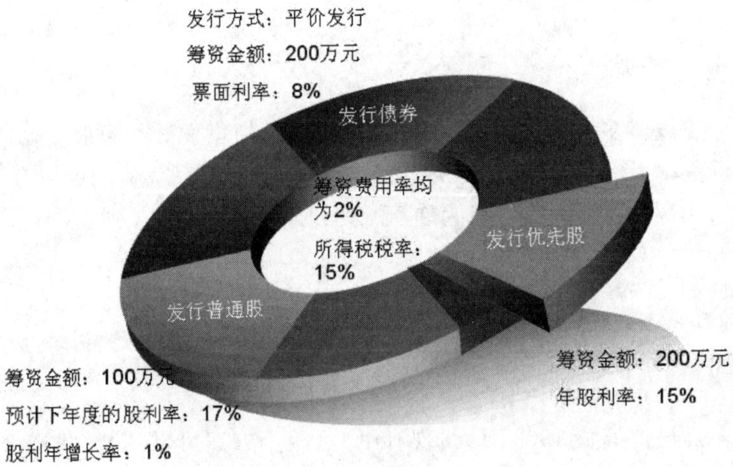

图 3-8　金陵钱多多公司筹资计划

单据:

加权平均资本成本计算表

项　目	数　值
债券权重×资本成本(%)	
普通股权重×资本成本(%)	
优先股权重×资本成本(%)	
加权平均资本成本(%)	

【业务 3.4.10】

金陵钱多多公司拥有长期资金 500 万元,其中长期借款 200 万元,普通股 300 万元。该资本结构为公司理想的目标结构。2017 年,公司准备筹集新的资金用于开拓新市场。经分析后,公司仍打算维持目前的资本结构,并测算出了各种资本成本随筹资增加的变化情况(见图 3-9)。请计算各筹资总额分界点,填写筹资总额分界点计算表。

背景资料：

各种资本成本随筹资额增加的变化表

资金来源	新筹资额	资金成本（%）
长期借款	30万元以内	8
	30万～80万元	9
	80万元以上	10
普通股	60万元以内	14
	60万元以上	16

图 3-9 各种资本成本随筹资增加的变化情况

单据：

筹资总额分界点计算表

资金来源	资本结构(%)	资金成本(%)	新筹资额	筹资总额分界点(万元)
长期借款	40	8	30万元以内	
		9	30万～80万元	
		10	80万元以上	—
普通股	60	14	60万元以内	
		16	60万元以上	—

【业务 3.4.11】

承接业务 3.4.10，计算各筹资范围的边际资本成本，填写边际资本成本计算表。
单据：

边际资本成本计算表

筹资总额	资金来源	资本结构(%)	资本成本(%)	边际资本成本(%)
75万元以内	长期借款	40		
	普通股	60		
	小计	100	—	
75万～100万元	长期借款	40		
	普通股	60		
	小计	100	—	
100万～200万元	长期借款	40		
	普通股	60		
	小计	100	—	
200万元以上	长期借款	40		
	普通股	60		
	小计	100	—	

任务 3.5 杠杆原理

【业务 3.5.1】

金陵钱多多公司开发了一款新型的户外用椅，公司财务部门核算结果显示：单位变动成本为 25 元，相关固定成本总额为 100000 元。假定公司推出此款产品采取较保守的战略，即初定的市场价格将与同类产品保持一致（市场同类产品价格为 50 元/把），请计算户外用椅的单位边际贡献以及盈亏平衡点的销量，填写单位边际贡献及盈亏平衡点计算表。

单据：

单位边际贡献及盈亏平衡点计算表

项　　目	计 算 过 程	计 算 结 果
单位边际贡献(元)		
盈亏平衡点的销量(把)		

【业务 3.5.2】

金陵钱多多公司推出的新型户外用椅，由于兼具轻便、人性化设计等优势，符合广大户外运动者的喜好，2017 年 1 月一经推出便马上热销。假设该产品本月固定成本为 35000 元，请根据背景资料（见图 3-10 和图 3-11）计算金陵钱多多公司 2017 年 1 月的息税前利润，填写息税前利润计算表。

背景资料：

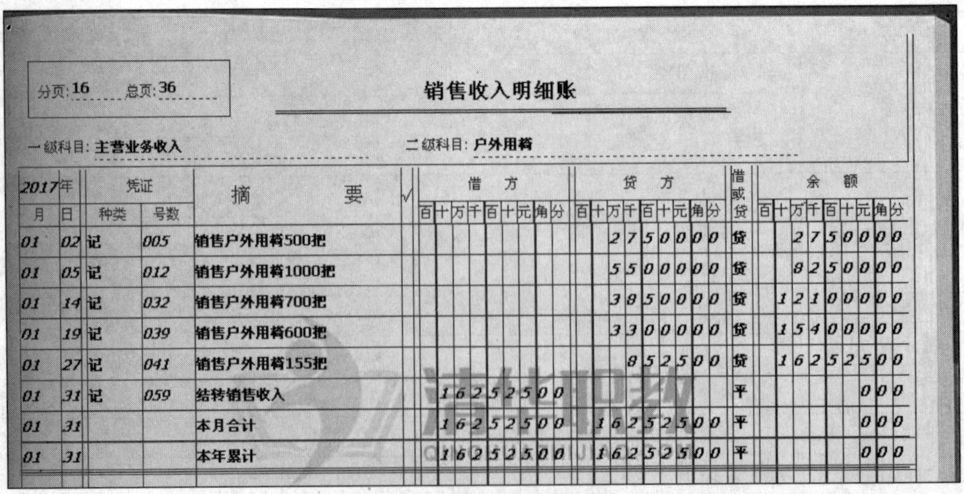

分页：16　总页：36

销售收入明细账

一级科目：主营业务收入　　二级科目：户外用椅

2017年 月	日	凭证 种类	号数	摘要	√	借方	贷方	借或贷	余额
01	02	记	005	销售户外用椅500把			2750000	贷	2750000
01	05	记	012	销售户外用椅1000把			5500000	贷	8250000
01	14	记	032	销售户外用椅700把			3850000	贷	12100000
01	19	记	039	销售户外用椅600把			3300000	贷	15400000
01	27	记	041	销售户外用椅155把			852500	贷	16252500
01	31	记	059	结转销售收入		16252500		平	000
01	31			本月合计		16252500	16252500	平	000
01	31			本年累计		16252500	16252500	平	000

图 3-10　销售收入明细账

变动成本计算表

项目	数值
完工产品（把）	5000
直接材料（元）	50000
直接人工（元）	75000
变动制造费用（元）	25000
总变动成本（元）	150000
单位变动成本（元）	30

图 3-11 变动成本计算表

单据：

息税前利润计算表

项 目	数 值
销售量(把)	
单位售价(元)	
单位变动成本(元)	
单位边际贡献(元)	
总的边际贡献(元)	
总固定成本(元)	
息税前利润(元)	

【业务 3.5.3】

请根据背景资料(见图 3-12)计算金陵钱多多公司 2015 年和 2016 年的经营杠杆系数，填写经营杠杆系数计算表。

背景资料：

2014—2016年销售数据

项 目	2014年	2015年	2016年
单价（元）	150	150	150
单位变动成本（元）	100	100	100
单位边际贡献（元）	50	50	50
销售量（个）	10000	20000	30000
总的边际贡献（元）	500000	1000000	1500000
固定成本（元）	200000	200000	200000
息税前利润（元）	300000	800000	1300000

图 3-12 2014—2016 年销售数据

说明：计算结果保留两位小数。

单据：

经营杠杆系数计算表

项　　目	2015 年	2016 年
息税前利润变动率(%)		
销售量变动率(%)		
经营杠杆系数		

【业务 3.5.4】

金陵爱乐公司只经营一种乐器，2016 年年度经营情况见图 3-13～图 3-15，请据此计算公司的经营杠杆系数，填写经营杠杆系数计算表。

说明：假定本年的财务费用均为利息费用。计算结果无小数位的保留整数，有小数位的保留两位小数。

背景资料：

利润表（一般企业会计准则）

编制单位：　金陵爱乐公司　　　　2016　年 12 月　　　　单位：元

项目	行次	本期金额	上期金额
一、营业收入	1	9,000,000.00	
减：营业成本	2	5,350,000.00	
税金及附加	3	850,000.00	
销售费用	4	500,000.00	
管理费用	5	500,000.00	
财务费用	6	150,000.00	
资产减值损失	7		
加：公允价值变动收益（损失以"–"号填列）	8		
投资收益（损失以"–"号填列）	9		
其中：对联营企业和合营企业的投资收益	10		
二、营业利润（亏损以"–"号填列）	11	1,650,000.00	
加：营业外收入	12		
其中：非流动资产处置利得	13		
减：营业外支出	14		
其中：非流动资产处置损失	15		
三、利润总额（亏损总额以"–"号填列）	16	1,650,000.00	
减：所得税费用	17	412,500.00	
四、净利润（净亏损以"–"号填列）	18	1,237,500.00	
五、其他综合收益的税后净额	19		
(一）以后不能重分类进损益的其他综合收益	20		
1.重新计量设定受益计划净负债或净资产的变动			
2.权益法下在被投资单位不能重分类进损益的其他综合收益中享有的份额			
(二）以后将重分类进损益的其他综合收益	21		
1.权益法下在被投资单位以后将重分类进损益的其他综合收益中享有的份额			
2.可供出售金融资产公允价值变动损益			
3.持有至到期投资重分类为可供出售金融资产损益			
4.现金流经套期损益的有效部分			
5.外币财务报表折算差额			
六、综合收益总额	22		
七、每股收益：	23		
（一）基本每股收益	24		
（二）稀释每股收益	25		

单位负责人：万元　　　　会计主管　　　　复核　　　　制表

图 3-13　利润表

变动成本计算表

项 目	数 值
完工产品（台）	15000
直接材料（元）	1500000
直接人工（元）	900000
变动制造费用（元）	600000
总变动成本（元）	3000000
单位变动成本（元）	200

图 3-14　变动成本计算表

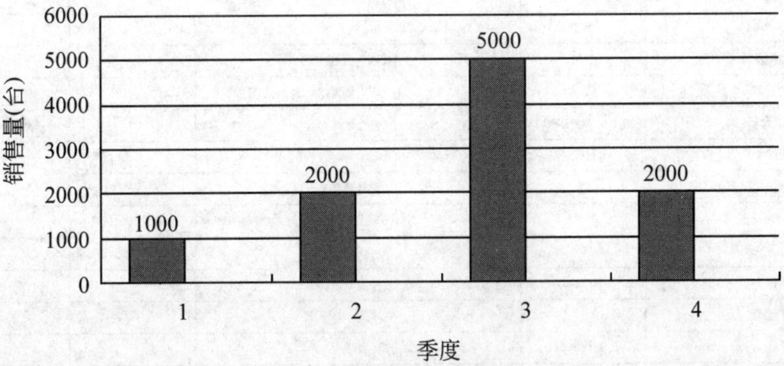

图 3-15　2016 年各季度销量统计图

单据：

经营杠杆系数计算表

项　　目	数　　值
单位变动成本(元)	
单位销售价格(元)	
单位边际贡献(元)	
总的边际贡献(元)	
税前利润(元)	
利息费用(元)	
息税前利润(元)	
经营杠杆系数	

【业务 3.5.5】

金陵钱多多公司财务经理让李浩协助编制 2017 年的年度财务预算。为此，李浩搜集了公司 2016 年年度的相关资料(见图 3-16～图 3-19)。假设金陵钱多多公司 2016 年的负债利息率为 8%，请帮助李浩预测公司 2017 年的息税前利润，填写息税前利润计算表。

资产负债表

编制单位：金陵钱多多公司　　　　2016 年 12 月 31 日　　　　单位：元

资 产	期末余额	年初余额	负债和所有者权益(或股东权益)	期末余额	年初余额
流动资产：			流动负债：		
货币资金	20,000.00	10,000.00	短期借款	20,000.00	10,000.00
以公允价值计量且其变动计入当期损益的金融资产	80,000.00	80,000.00	以公允价值计量且其变动计入当期损益的金融负债		
应收票据			应付票据		
应收账款	200,000.00	100,000.00	应付账款	10,000.00	5,000.00
预付款项	100,000.00	100,000.00	预收款项	10,000.00	5,000.00
应收利息	100,000.00	100,000.00	应付职工薪酬	5,000.00	
应收股利			应交税费	5,000.00	
其他应收款			应付利息	5,000.00	
存货	500,000.00	400,000.00	应付股利	5,000.00	
一年内到期的非流动资产			其他应付款		
其他流动资产			一年内到期的非流动负债		
流动资产合计	1,000,000.00	790,000.00	其他流动负债		
非流动资产：			**流动负债合计**	60,000.00	20,000.00
可供出售金融资产	750,000.00	410,000.00	非流动负债：		
持有至到期投资			长期借款	100,000.00	80,000.00
长期应收款			应付债券	90,000.00	
长期股权投资	500,000.00	500,000.00	长期应付款		
投资性房地产			专项应付款		
固定资产	1,000,000.00	500,000.00	预计负债		
在建工程			递延收益		
工程物资			递延所得税负债		
固定资产清理			其他非流动负债		
生产性生物资产			**非流动负债合计**	190,000.00	80,000.00
油气资产			**负债合计**	250,000.00	100,000.00
无形资产			所有者权益(或股东权益)：		
开发支出			实收资本(或股本)	2,000,000.00	2,000,000.00
商誉			资本公积	200,000.00	150,000.00
长期待摊费用			减：库存股		
递延所得税资产			其他综合收益		
其他非流动资产			盈余公积	400,000.00	150,000.00
非流动资产合计	2,250,000.00	1,410,000.00	未分配利润	400,000.00	
			所有者权益(或股东权益)合计	3,000,000.00	2,300,000.00
资产总计	3,250,000.00	2,400,000.00	**负债和所有者权益(或股东权益)合计**	3,250,000.00	2,400,000.00

单位负责人　　　　会计主管　　　　复核　　　　制表

图 3-16　资产负债表(2016 年 12 月 31 日)

利润表（一般企业会计准则）

编制单位： 金陵钱多多公司 2016 年 12 月 单位：元

项目	行次	本期金额	上期金额
一、营业收入	1	700,000.00	
减：营业成本	2	450,000.00	
税金及附加	3	50,000.00	
销售费用	4	50,000.00	
管理费用	5	50,000.00	
财务费用	6	20,000.00	
资产减值损失	7		
加：公允价值变动收益（损失以"–"号填列）	8		
投资收益（损失以"–"号填列）	9		
其中：对联营企业和合营企业的投资收益	10		
二、营业利润（亏损以"–"号填列）	11	80,000.00	
加：营业外收入	12		
其中：非流动资产处置利得	13		
减：营业外支出	14		
其中：非流动资产处置损失	15		
三、利润总额（亏损总额以"–"号填列）	16	80,000.00	
减：所得税费用	17	20,000.00	
四、净利润（净亏损以"–"号填列）	18	60,000.00	
五、其他综合收益的税后净额	19		
（一）以后不能重分类进损益的其他综合收益	20		
1.重新计量设定受益计划净负债或净资产的变动			
2.权益法下在被投资单位不能重分类进损益的其他综合收益中享有的份额			
（二）以后将重分类进损益的其他综合收益	21		
1.权益法下在被投资单位以后将重分类进损益的其他综合收益中享有的份额			
2.可供出售金融资产公允价值变动损益			
3.持有至到期投资重分类为可供出售金融资产损益			
4.现金流经套期损益的有效部分			
5.外币财务报表折算差额			
六、综合收益总额	22		
七、每股收益：	23		
（一）基本每股收益	24		
（二）稀释每股收益	25		

单位负责人： 会计主管 复核 制表

图 3-17 利润表(2016 年 12 月)

成本分析报告

2016年，公司根据加强成本控制的统一部署，采取各种措施强化内部管理，增收节支。半年来，通过增产增收措施，在提高劳动生产率、加速资金周转、增加盈利方面取得了较好效果。根据我公司的具体情况，就主要产品成本经济活动进行初步分析。

一 、公司费用成本性态分析

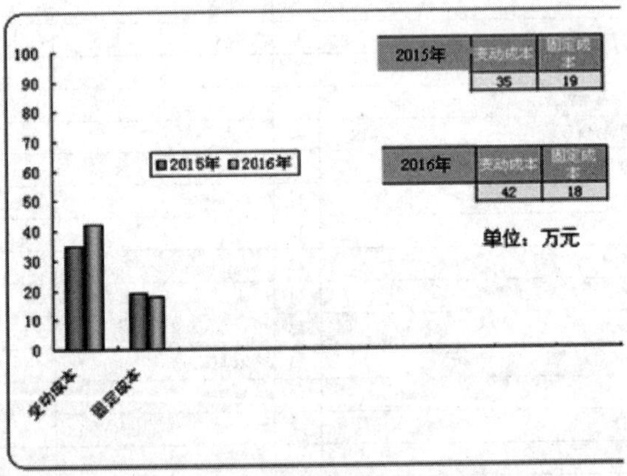

……

图 3-18　成本分析报告

2017年销售工作计划

随着城市建设和人民生活水平的不断提高，以及产品更新换代时期的到来，整体市场容量不断扩张。根据公司实力及2016年的产销情况，我们预计2017年的销售目标完全有可能实现，以下是具体工作规划。

一、销售目标

在保持2016年良好发展态势的基础上，实现15%的增长率。

二、工作重点

(1) 市场营销部门应采取措施，如培训、定期的经验交流等，使所有人员都能精通业务，有危机意识并能有效地工作。

(2) 员工需全力投入工作，使工作向高效率、高收益、高分配的方向发展，公司将加强业务管理。

(3) 为实现销售目标，建立岗位责任制，实行重赏重罚政策。

(4) 公司为促进零售店的销售，建立销售管理体制，即将原有购买者的市场转移为销售者的市场，使本公司能享有控制代理店、零售店的优势。

(5) 将主要销售目标放在零售店方面，培养、指导其促销方式，借此刺激需求的增长。

三、市场营销部门工作计划

……

四、零售商的促销计划

……

五、扩大消费需求计划

……

六、销售管理控制

……

图 3-19　2017 年销售工作计划

单据：

息税前利润计算表

项　　目	数　值	项　　目	数　值
2016年主营业务收入(万元)		2016年息税前利润(万元)	
2016年变动成本(万元)		经营杠杆系数	
2016年总的边际贡献(万元)		2017年销售增长率(%)	
2016年净利润(万元)		2017年息税前利润增长率(%)	
2016年所得税(万元)		2017年息税前利润(万元)	
2016年利息费用(万元)			

【业务3.5.6】

请根据背景资料(见图3-20～图3-22)计算金陵钱多多公司2014年—2016年的财务杠杆系数。

背景资料：

利润表（一般企业会计准则）

编制单位：　金陵钱多多公司　　　2014　年12月　　　单位：元

项目	行次	本期金额	上期金额
一、营业收入	1	400,000.00	250,000.00
减：营业成本	2	190,000.00	110,000.00
税金及附加	3	10,000.00	8,000.00
销售费用	4	20,000.00	12,000.00
管理费用	5	10,000.00	10,000.00
财务费用	6	10,000.00	10,000.00
资产减值损失	7		
加：公允价值变动收益（损失以"-"号填列）	8		
投资收益（损失以"-"号填列）	9		
其中：对联营企业和合营企业的投资收益	10		
二、营业利润（亏损以"-"号填列）	11	160,000.00	100,000.00
加：营业外收入	12		
其中：非流动资产处置利得	13		
减：营业外支出	14		
其中：非流动资产处置损失	15		
三、利润总额（亏损总额以"-"号填列）	16	160,000.00	100,000.00
减：所得税费用	17	40,000.00	25,000.00
四、净利润（净亏损以"-"号填列）	18	120,000.00	75,000.00
五、其他综合收益的税后净额	19		
(一)以后不能重分类进损益的其他综合收益	20		
1.重新计量设定受益计划净负债或净资产的变动			
2.权益法下在被投资单位不能重分类进损益的其他综合收益中享有的份额			
(二)以后将重分类进损益的其他综合收益	21		
1.权益法下在被投资单位以后将重分类进损益的其他综合收益中享有的份额			
2.可供出售金融资产公允价值变动损益			
3.持有至到期投资重分类为可供出售金融资产损益			
4.现金流经套期损益的有效部分			
5.外币财务报表折算差额			
六、综合收益总额	22	120,000.00	75,000.00
七、每股收益：	23	1.20	0.75
（一）基本每股收益	24		
（二）稀释每股收益	25		

单位负责人：　　　会计主管　　　复核　　　制表

图3-20　利润表(2014年12月)

利润表（一般企业会计准则）

编制单位：　金陵钱多多公司　　　　2015　年 12 月　　　　单位：元

项目	行次	本期金额	上期金额
一、营业收入	1	800,000.00	400,000.00
减：营业成本	2	330,000.00	190,000.00
税金及附加	3	20,000.00	10,000.00
销售费用	4	50,000.00	20,000.00
管理费用	5	30,000.00	10,000.00
财务费用	6	10,000.00	10,000.00
资产减值损失	7		
加：公允价值变动收益（损失以"-"号填列）	8		
投资收益（损失以"-"号填列）	9		
其中：对联营企业和合营企业的投资收益	10		
二、营业利润（亏损以"-"号填列）	11	360,000.00	160,000.00
加：营业外收入	12		
其中：非流动资产处置利得	13		
减：营业外支出	14		
其中：非流动资产处置损失	15		
三、利润总额（亏损总额以"-"号填列）	16	360,000.00	160,000.00
减：所得税费用	17	90,000.00	40,000.00
四、净利润（净亏损以"-"号填列）	18	270,000.00	120,000.00
五、其他综合收益的税后净额	19		
(一）以后不能重分类进损益的其他综合收益	20		
1.重新计量设定受益计划净负债或净资产的变动			
2.权益法下在被投资单位不能重分类进损益的其他综合收益中享有的份额			
(二）以后将重分类进损益的其他综合收益	21		
1.权益法下在被投资单位以后将重分类进损益的其他综合收益中享有的份额			
2.可供出售金融资产公允价值变动损益			
3.持有至到期投资重分类为可供出售金融资产损益			
4.现金流经套期损益的有效部分			
5.外币财务报表折算差额			
六、综合收益总额	22	270,000.00	120,000.00
七、每股收益：	23	2.70	1.20
（一）基本每股收益	24		
（二）稀释每股收益	25		

单位负责人：　　　　会计主管　　　　复核　　　　制表

图 3-21　利润表(2015 年 12 月)

利润表（一般企业会计准则）

编制单位：　　　　　　　　年　　月　　　　　　　　单位：元

项目	行次	本期金额	上期金额
一、营业收入	1	1,100,000.00	800,000.00
减：营业成本	2	450,000.00	330,000.00
税金及附加	3	30,000.00	20,000.00
销售费用	4	60,000.00	50,000.00
管理费用	5	50,000.00	30,000.00
财务费用	6	10,000.00	10,000.00
资产减值损失	7		
加：公允价值变动收益（损失以"－"号填列）	8		
投资收益（损失以"－"号填列）	9		
其中：对联营企业和合营企业的投资收益	10		
二、营业利润（亏损以"－"号填列）	11	500,000.00	360,000.00
加：营业外收入	12		
其中：非流动资产处置利得	13		
减：营业外支出	14		
其中：非流动资产处置损失	15		
三、利润总额（亏损总额以"－"号填列）	16	500,000.00	360,000.00
减：所得税费用	17	125,000.00	90,000.00
四、净利润（净亏损以"－"号填列）	18	375,000.00	270,000.00
五、其他综合收益的税后净额	19		
(一）以后不能重分类进损益的其他综合收益	20		
1.重新计量设定受益计划净负债或净资产的变动			
2.权益法下在被投资单位不能重分类进损益的其他综合收益中享有的份额			
(二）以后将重分类进损益的其他综合收益	21		
1.权益法下在被投资单位以后将重分类进损益的其他综合收益中享有的份额			
2.可供出售金融资产公允价值变动损益			
3.持有至到期投资重分类为可供出售金融资产损益			
4.现金流经套期损益的有效部分			
5.外币财务报表折算差额			
六、综合收益总额	22	375,000.00	270,000.00
七、每股收益：	23	3.75	2.70
（一）基本每股收益	24		
（二）稀释每股收益	25		

单位负责人：　　　　会计主管　　　　复核　　　　制表

图 3-22　利润表(2016 年 12 月)

说明：假设公司的财务费用全部为利息费用，计算结果有小数位的保留两位小数。

单据：

财务杠杆系数计算表

项　　目	2013 年	2014 年	2015 年	2016 年
每股收益(元)				
每股收益变动率(%)	—			
息税前利润(万元)				
息税前利润变动率(%)	—			
财务杠杆系数	—			

【业务 3.5.7】

金陵钱多多公司按照目前资本结构计算的财务杠杆系数为 1.5，2016 年净利润为 400 万元，公司适用的所得税税率为 25%。请根据以上数据计算公司 2016 年的利息总额和已获利息倍数，填写利息总额和已获利息倍数计算表。

单据：

利息总额和已获利息倍数计算表

项　目	数　值
净利润(万元)	
所得税税率(%)	
税前利润(万元)	
财务杠杠系数	
息税前利润(万元)	
利息总额(万元)	
已获利息倍数	

【业务 3.5.8】

金陵钱多多公司只生产一种产品，财务部门提供的数据如下：2015 年年度息税前利润总额为 180 万元，产品的变动成本率为 40%，债务筹资的利息总额为 80 万元，产品的单位变动成本为 200 元，2015 年年度的销售数量为 10000 台。请根据以上数据计算公司的经营杠杆系数、财务杠杆系数、总杠杆系数，填写杠杆系数计算表。

说明：计算结果有小数位的保留小数，无小数位的保留整数。

单据：

杠杆系数计算表

项　目	数　值
总的边际贡献(万元)	
息税前利润(万元)	
经营杠杆系数	
税前利润(万元)	
财务杠杆系数	
总杠杆系数	

【业务 3.5.9】

2017 年 1 月 15 日，金陵钱多多公司财务助理李浩完成了上年度财务报表的编制工作，编制完的报表数据显示：2016 年净利润为 1200 万元，资产总额为 7500 万元，企业所得税税率为 25%。请根据背景资料(见图 3-23～图 3-25)，帮助李浩填写杠杆系数相关指标计算表。

背景资料：

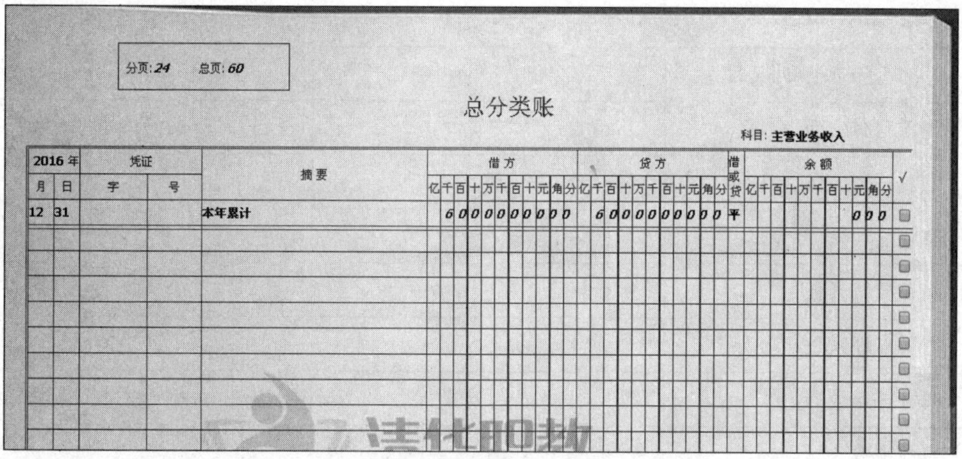

分页:24 总页:60

总分类账

科目：主营业务收入

2016年 月	日	凭证 字	号	摘要	借方	贷方	借或贷	余额	√
12	31			本年累计	600000000	600000000	平	000	

图 3-23 主营业务收入总账

资本结构

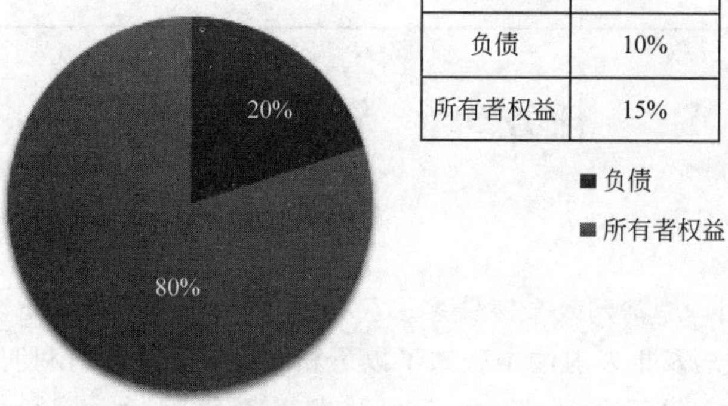

资本来源	资本成本
负债	10%
所有者权益	15%

图 3-24 资本结构

变动成本率

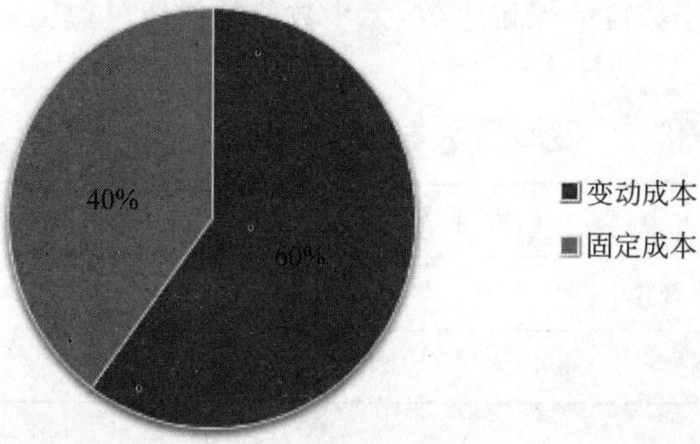

图 3-25 变动成本率

说明：计算结果有小数位的保留两位小数，无小数位的保留整数。

单据：

杠杆系数相关指标计算表

项　目	计算过程	计算结果
总的边际贡献(万元)		
税前利润(万元)		
利息总额(万元)		
息税前利润(万元)		
经营杠杆系数		
财务杠杆系数		
总杠杆系数		
权益乘数		
利息保障倍数		
销售利润率(%)		
销售净利率(%)		

任务 3.6 资本结构

【业务 3.6.1】

2017 年 6 月 1 日,李浩购入金陵钱多多公司的股票,他从《中国证券报》披露的金陵钱多多公司 2016 年报表及报表附注中获知了以下相关数据:息税前利润为 1000 万元,长期债券为 400 万元(此债券于 2015 年 12 月 20 日发行,3 年期,利率 8%),财务费用为 50 万元,所得税税率为 25%,普通股股数为 1000 万股,无优先股。请根据以上数据帮助李浩估算金陵钱多多公司股票的每股收益,填写每股收益估算表。

说明:计算结果有小数位的保留小数,无小数位的保留整数。

单据:

每股收益估算表

估算方法	税前利润	税后利润	每股收益
用长期债券利息估算利息费用			
用财务费用估算利息费用			

【业务 3.6.2】

2017 年年初,金陵钱多多公司为开拓海外市场,拟筹集资金 2500 万元。为此,财务经理提出了两种筹资方案供董事会讨论。

方案一：增发1000万股普通股，市价2.5元/股。

方案二：平价发行债券2500万元，每年年末付息，票面利率10%。

金陵钱多多公司的所得税税率为25%，假设不考虑股票、债券的发行费用，请结合背景资料（见图3-26）计算两种筹资方案的每股收益无差别点的息税前利润和每股收益，进行筹资方案的决策。

说明：计算结果有小数位的保留小数，无小数位的保留整数。

背景资料：

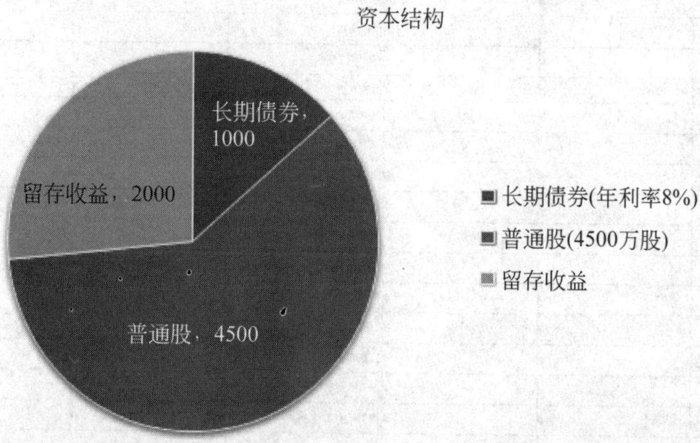

图3-26　资本结构

单据：

筹资方案决策表

项　目	结　果
每股收益(普通股)	
每股收益(借款)	
每股收益无差别点的息税前利润(万元)	
无差别点的每股收益(元/股)	
息税前利润为1000万元的筹资决策	
息税前利润为2000万元的筹资决策	

【业务3.6.3】

金陵钱多多公司2016年12月31日的资产负债表见图3-27；2015年年度利润表列示的净利润为400万元；公司负债的市场价值与账面价值相等，票面利率为8%；公司股票的贝塔系数为1.5，无风险报酬率为6%，平均风险股票的必要收益率为10%；所得税税率为25%。请计算金陵钱多多公司的市场总价值及综合资本成本。

说明：计算结果有小数位的保留小数，无小数位的保留整数。

背景资料：

资产负债表

会企01表

编制单位：金陵钱多多公司　　2015年 12月 31日　　单位：万元

资产	期末余额	年初余额	负债和所有者权益(或股东权益)	期末余额	年初余额
流动资产:			流动负债:		
货币资金	100	100	短期借款	0	0
交易性金融资产	200	100	交易性金融负债	0	0
应收票据	0	0	应付票据	0	0
应收 账款	200	300	应付账款	0	0
预付账款	0	0	预收账款	0	0
应收利息	0	0	应付职工薪酬	0	0
应收股利	0	0	应交税费	0	0
其他应收款	0	0	应付利息	0	0
存货	1500	1000	应付股利	0	0
一年内到期的非流动资产	0	0	其他应付款	0	0
其他流动资产	0	0	一年内到期的非流动负债	0	0
流动资产合计	2000	1500	其他流动负债	0	0
非流动资产：			流动负债合计	0	0
可供出售金融资产	0	0	非流动负债：		
持有至到期投资	0	0	长期借款	0	0
长期应收款	0	0	应付债券	1000	0
长期股权投资	0	0	长期应付款	0	0
投资性房地产	0	0	专项应付款	0	0
固定资产原价	4200	3600	预计负债	0	0
减：累计折旧	600	600	递延所得税负债	0	0
固定资产净值	3600	3000	其他非流动负债	0	0
在建工程	0	0	非流动负债合计	1000	0
工程物资	0	0	负债合计	1000	0
固定资产清理	0	0	所有者权益(或股东权益)：		
无形资产	0	0	实收资本(或股本)	4000	4000
开发支出	0	0	资本公积	100	100
商誉	0	0	减：库存股	0	0
长期待摊费用	0	0	盈余公积	100	100
递延所得税资产	0	0	未分配利润	400	300
其他非流动资产	0	0	所有者权益(或股东权益)合计	4600	4500
非流动资产合计	3000	3000			
资产总计	5600	4500	负债和所有者权益(或股东权益)合计	5600	4500

单位负责人　　会计主管　　复核　　制表

图 3-27　资产负债表(2016 年 12 月 31 日)

单据：

公司的市场点价值及综合资本成本计算表

项　　目	数　　值
债券的价值(万元)	
普通股资金成本率(%)	
股票的总价值(万元)	
公司的市场总价值(万元)	
综合资本成本(%)	

【业务 3.6.4】

金陵钱多多公司息税前利润为 600 万元，公司适用的所得税税率为 25%。公司目前总资本为 2000 万元，其中 80%由普通股资本构成，股票账面价值为 1600 万元；20%由债券资本构成，债券账面价值为 400 万元。假设债券市场价值与其账面价值基本一致。金陵钱多多公司认为目前的资本结构不够合理，准备用发行债券购回股票的办法予以调整。经咨询调查，财务经理收集了相关数据，请计算并填写债务利息率与权益资本成本率情况表。

说明：计算结果有小数位的保留两位小数，无小数位的保留整数。

单据：

债务利息率与权益资本成本率情况表

债券市场价值（万元）	债券利息率(%)	股票的β系数	无风险报酬率(%)	平均风险股票的必要收益率(%)	权益资本成本(%)
400	8	1.30	6	16	
600	10	1.42	6		20.20
800	12	1.50		16	21
1000	14	2	6	16	

【业务 3.6.5】

承接业务 3.6.4，请填写最优资本结构决策表。

说明：计算结果有小数位的保留两位小数，无小数位的保留整数。

单据：

最优资本结构决策表

债券市场价值(万元)	股票市场价值(万元)	公司市场总价值(万元)	债券比重(%)	股票比重(%)	债券资本成本(%)	股票资本成本(%)	加权平均资本成本(%)
400							
600							
800							
1000							
是否有最优资本结构		此时的市场总价值(万元)		此时的加权资本成本(%)		—	—

任务 3.7 项目综合实训

【业务 3.7.1】

金陵钱多多家具公司自成立以来一直保持强劲的发展态势，销售量稳步提升。公司高管为更好地规划未来的发展，计划对未来 5 年的资金需求量进行预测，并在此基础上确定相应的筹资计划。请根据背景资料（见图 3-28 和图 3-29），运用高低点法对公司未来 5 年的资金需求量进行预测，填写资金需求量预测表。

背景资料：

近 5 年家具销售量与资金占用量

项　　目	2012 年	2013 年	2014 年	2015 年	2016 年
销售量(件)	10000	30000	50000	90000	100000
资金占用量(万元)	125	175	225	325	350

图 3-28　近 5 年家具销售量与资金占用量

未来 5 年家具销售量预测　　单位：件

项　　目	2017 年	2018 年	2019 年	2020 年	2021 年
销售量	120000	130000	150000	190000	200000

图 3-29　未来 5 年家具销售量预测

单据：

资金需求量预测表

项　　目	数　　值
单位变动资金：b(元)	
不变资金：a(元)	
2017 年资金需求量：y(元)	
2018 年资金需求量：y(元)	
2019 年资金需求量：y(元)	
2020 年资金需求量：y(元)	
2021 年资金需求量：y(元)	

【业务 3.7.2】

承接业务 3.7.1，金陵钱多多家具有限公司 2016 年的销售单价为 50 元/件。请根据背景资料(见图 3-30～图 3-32)计算 2016 年的各项杠杆系数，填写杠杆系数计算表。

说明：计算结果有小数位的保留小数，无小数位的保留整数。

背景资料：

2016 年单位变动成本　　单位：元

项　　目	金　　额
单位直接材料	10
单位直接人工	5
单位变动制造费用	5
合　计	20

图 3-30　2016 年单位变动成本

2016 年固定成本明细表 单位：元

项 目	金 额
办公费	200000
差旅费	100000
物业管理费	100000
业务招待费	300000
通信费	100000
固定资产折旧费	1200000
合 计	2000000

图 3-31 2016 年固定成本明细表

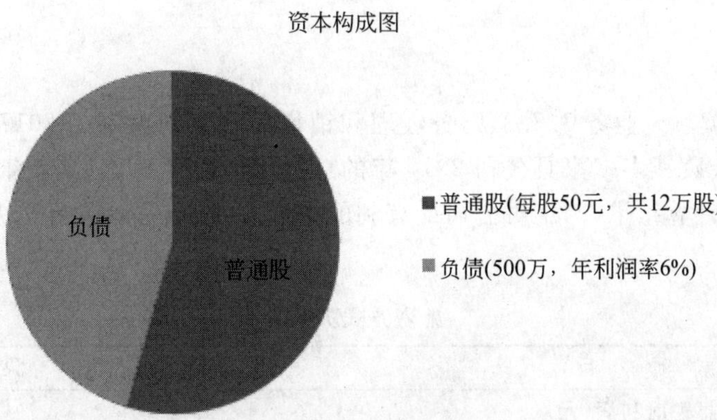

图 3-32 资本构成图

单据：

杠杆系数计算表

项 目	数 值
销售收入(元)	
变动成本(元)	
总的边际贡献(元)	
固定成本(元)	
息税前利润(元)	
税前利润(元)	
经营杠杆系数	
财务杠杆系数	
总杠杆系数	

【业务 3.7.3】

承接业务 3.7.1 和业务 3.7.2，金陵钱多多公司 2017 年拟筹集资金 400 万元，现有甲、乙两种筹资方案可供选择：甲方案为发行普通股 8 万股，每股 50 元；乙方案为发行债券 400 万元，年利率为 7%。请计算两种方案下每股收益无差别点的息税前利润，填写每股收益无差别点计算表。

说明：息税前利润用 EBIT 表示，计算结果保留三位小数。

单据：

每股收益无差别点计算表

项　　目	结　　果
甲方案每股收益(填写计算过程)	
乙方案每股收益(填写计算过程)	
每股收益无差别点的息税前利润(万元)	
无差别点的每股收益(元/股)	

【业务 3.7.4】

承接业务 3.7.1～业务 3.7.3，财务经理和销售经理共同编制的 2017 年年度生产经营预测报告显示，金陵钱多多家具公司 2017 年的息税前利润预计比 2016 年增长 20%。请根据业务 3.7.3 的计算结果，确定对公司最有利的筹资方式，填写筹资方式决策表。

单据：

筹资方式决策表

项　　目	结　　果
2016 年的息税前利润(元)	
预计 2017 年的息税前利润(元)	
每股收益无差别点的息税前利润(元)	
筹资方案决策(填写“甲”或“乙”)	

项目 4

营运资金管理

任务 4.1　现金管理

【业务 4.1.1】

（多选题）李浩所在的金陵钱多多公司喜欢持有大量现金。李浩认为，持有较多的现金，有助于保证企业正常的生产经营秩序，在急需用钱的情况下保持一定的现金支付能力，而且还利于企业抓住有利的市场机会。李浩的说法反映的现金的持有动机是（　　）。

A. 交易动机　　B. 预防动机　　C. 投资动机　　D. 投机动机

【业务 4.1.2】

（多选题）李浩认为，企业虽然有必要持有一定量的现金，但是持有现金会产生相应的管理成本。以下属于现金管理的成本的是（　　）。

A. 机会成本　　B. 管理成本　　C. 转换成本　　D. 短缺成本

【业务 4.1.3】

承接业务 4.1.2，确定最佳现金持有量的方法主要有成本分析模式和存货模式，这两种模式需考虑的成本是不同的。请分别指出成本分析模式和存货模式需要考虑的成本，将各项成本所代表的字母填入最佳现金持有量需考虑的成本分类表。

单据：

最佳现金持有量需考虑的成本分类表

确定最佳现金持有量的方法	需考虑的成本选项
成本分析模式	
存货模式	

【业务 4.1.4】

金陵钱多多公司现有 A、B、C、D 四种现金持有方案，各方案的有关成本资料见图 4-1，请填写最佳现金持有量测算表（成本分析模式），确定最佳现金持有方案。

背景资料：

方案	现金持有量(元)	机会成本率(%)	管理成本(元)	短缺成本(元)
A	10000	12	1800	5600
B	20000	12	1800	2500
C	30000	12	1800	1000
D	40000	12	1800	0

图 4-1 现金持有方案

单据：

最佳现金持有量测算表(成本分析模式)

方 案	机会成本	管理成本	短缺成本	总成本	最佳方案
A					
B					—
C					—
D					—

【业务 4.1.5】

金陵钱多多公司财务总监告诉李浩，公司预计 2017 年现金需求总量为 90 万元，目前有价证券的年利率为 12%，现金与有价证券的转换成本为每次 60 元。财务总监要求李浩利用存货模式确定最佳现金持有量。请帮助李浩填写最佳现金持有量测算表(存货模式)。

单据：

最佳现金持有量测算表(存货模式)

项 目	数 值
2017 年的现金需求总量：T(元)	
每次转换成本：F(元)	
有价证券年利率：K(%)	
最佳现金持有量：Q(元)	
机会成本(全年总数)(元)	
转换成本(全年总数)(元)	
转换次数(全年总数)	

任务 4.2 应收账款管理

【业务 4.2.1】

金陵钱多多公司为扩大销量，全部采用商业信用方式销售，信用条件为“2/10，1/20，n/30”。根据预测，将有 50%的客户按 10 天付款，30%的客户按 20 天付款，20%的客户按

30 天付款。假设同期有价证券年利率为 8%，变动成本率为 60%，请根据背景资料(见图 4-2)计算该公司应收账款的机会成本，填写应收账款机会成本计算表。

背景资料：

金陵钱多多公司2017年销售预测表

摘　要	第一季度	第二季度	第三季度	第四季度	全　年
预计销售数量（万件）	20	30	21	19	90
销售单价（元）	100	100	100	100	100
预计销售金额（万元）	2000	3000	2100	1900	9000
期初应收账款（万元）	150				150
第一季度销售收入（万元）	1600	400			2000
第二季度销售收入（万元）		2400	600		3000
第三季度销售收入（万元）			1680	420	2100
第四季度销售收入（万元）				1520	1520
现金收入合计（万元）	1750	2800	2280	1940	8770

图 4-2　金陵钱多多公司 2017 年销售预测表

单据：

应收账款机会成本计算表

项　目	数　值
企业收款平均间隔时间(天)	
每日信用销售额(万元)	
应收账款平均余额(万元)	
维持赊销业务所需资金(万元)	
应收账款的机会成本(万元)	

【业务 4.2.2】

金陵钱多多公司采用赊销方式销售产品，变动成本率为 60%，资金成本率为 10%，固定成本总额在一定期间内保持不变。该公司现有两个信用条件的备选方案(见图 4-3)，其中乙方案下，预计将有 60%的客户按 15 天付款，20%的客户按 30 天付款，20%的客户按 45 天付款。请据此填写信用条件分析评价表，作出信用条件决策。

说明：计算结果有小数位的保留两位小数，无小数位的保留整数。

背景资料：

信用条件备选方案

项　目	甲　方　案	乙　方　案
信用条件	$n/45$	$2/15, 1/30, n/45$
年赊销额(万元)	960	960
坏账损失率(%)	3	1
收账费用(万元)	30	12

图 4-3　信用条件备选方案

单据：

信用条件分析评价表

项　　目	甲　方　案	乙　方　案
年赊销额(万元)		
变动成本(万元)		
现金折扣(万元)		
信用条件前收益(万元)		
应收账款机会成本(万元)		
坏账损失(万元)		
收账费用(万元)		
信用成本后收益(万元)		
信用条件决策(填"是"或"否")		

【业务 4.2.3】

金陵钱多多公司每年赊销额为 240 万元，变动成本率为 80%，资金成本率为 8%。公司现有两种收账政策(见图 4-4)，请填写收账政策比较分析表，并作出收账政策决策。

说明：计算结果保留两位小数。

背景资料：

收账政策备选方案

项　　目	A 收账政策	B 收账政策
平均收现期(天)	60	45
坏账损失率(%)	3	2
年收账费用(万元)	1.80	3.20

图 4-4　收账政策备选方案

单据：

收账政策比较分析表

项　　目	A 收账政策	B 收账政策
应收账款机会成本(万元)		
坏账损失(万元)		
年收账费用(万元)		
收账成本合计(万元)		
收账政策决策(填"是"或"否")		

【业务 4.2.4】

金陵钱多多公司采用赊销方式销售产品，变动成本率为 60%，应收账款投资要求的最低报酬率为10%。假设不考虑所得税的影响，请根据背景资料(见图4-5)比较分析不同的收账政策，并作出收账政策决策。

背景资料：

收账政策讨论纪要

收账政策是指当客户违反信用条件时，企业所采取的收账措施与策略。收账政策运用得当，可以缩短应收账款的回收期，减少坏账损失，但要增加收账成本；收账政策运用不力，将会增加坏账损失，但会减少收账成本。所以，企业在制定收账政策时，必须权衡坏账损失、收账费用等之间的关系。

金陵钱多多公司目前的收账政策是：所有客户的平均收账期为2个月。在此收账政策下，公司年销售额为2400万元，年收账费用为40万元，坏账损失率为2%。

据销售部门反映，自从实施该收账政策以来，公司销售额呈下降趋势。经分析，排除市场变化因素外，管理层一致认为目前比较严厉的收账政策是销售额下滑的主要原因。而且，目前收账政策的收账成本也较高。管理层认为，修改现行的收账政策迫在眉睫。

根据销售部门的提议，在充分征求各部门主管意见的基础上，公司管理层确定了以下两项备选的收账政策。

甲方案：所有客户的平均收账期为3个月。此方案下，预计年销售额将增至2600万元，年收账费用为20万元，应收账款坏账损失率为2.5%。

乙方案：所有客户的平均收账期为4个月。此方案下，预计年销售额将增至2700万元，年收账费用为10万元，应收账款坏账损失率为3%。

对于该选择何种收账政策，公司管理层决定由财务部进行比较分析后再作出决策。

图4-5　金陵钱多多公司收账政策讨论纪要

单据：

收账政策比较分析表

项　　目	目前政策	甲　方　案	乙　方　案
年销售额(万元)			
变动成本(万元)			
信用成本前的收益(万元)			
应收账款平均余额(万元)			
应收账款机会成本(万元)			
坏账损失(万元)			
年收账费用(万元)			
收账成本合计(万元)			
信用成本后的收益(万元)			
收账政策决策(填“是”或“否”)			

任务4.3　存货管理

【业务4.3.1】

金陵钱多多公司每年需要订购大量磁盘，假设储存成本为1.56元/打，请根据背景资料(见图4-6和图4-7)计算不同订货批量下的存货成本，填写存货成本计算表。

背景资料：

采购现金支出预算表

项 目	第一季度	第二季度	第三季度	第四季度	全年
预计生产量（台）	130000	130000	130000	130000	520000
单位产品材料消耗定额（打/台）	0.5	0.5	0.5	0.5	
预计材料需要量（打）	65000	65000	65000	65000	260000
加：期末存料量（打）	1000	1000	1000	1000	
预计材料需要量合计（打）	66000	66000	66000	66000	264000
减：期初存料量（打）	1000	1000	1000	1000	
预计购料量（打）	65000	65000	65000	65000	260000
材料计划单价（元/打）	7.8	7.8	7.8	7.8	
预计购料金额（元）	507000	507000	507000	507000	2028000
期初应付账款（元）	10000				10000
第一季度购料支出（元）	500000	7000			507000
第二季度购料支出（元）		500000	7000		507000
第三季度购料支出（元）			500000	7000	507000
第四季度购料支出（元）				500000	500000
现金支出合计（元）	510000	507000	507000	507000	2031000

图 4-6　采购现金支出预算表

每次订货费用表

项 目	金额(元)
购货合同订立费用	60
采购人员差旅费	220
其他订货费用	20

图 4-7　每次订货费用表

单据：

存货成本计算表

一次订购量（打）	订货次数（次）	平均存货量（打）	购置成本（元）	订货费用（元）	储存成本（元）	总成本（元）
2500						
5000						
10000						
20000						
130000						
260000						

【业务 4.3.2】

金陵钱多多公司每年需要购买 26 万蒲式耳的小麦，小麦单价可通过查询入库单(见图 4-8)获取。采购部经理汇总的信息显示：公司每次订购量必须是 500 蒲式耳的倍数；订购费用为 5000 元/次；年储存成本为购置成本的 2%；小麦的交货时间为 6 个星期。请据此计算金陵钱多多公司的经济订货批量、再订购点和存货总成本，填写经济订货批量计算表。

说明：计算结果保留两位小数。

背景资料：

入 库 单

2017 年 06 月 28 日　　单号 30583900

交来单位及部门	采购部	验收仓库	总仓	入库日期	2017.06.28	
编号	名称及规格	单位	数量		实际价格	
			交库	实收	单价	金额
001	小麦	蒲式耳	40000	40000	70.00	280000.00
合计						¥280000.00

存根联

财务经理：张丽　　仓库主管：　　经办人：李奇　　制单人：李丽

图 4-8　入库单

单据：

经济订货批量计算表

项　目	数　值
经济订货批量(蒲式耳)	
平均每星期耗用量(蒲式耳)	
再订货点(蒲式耳)	
存货总成本(不含购置成本)(元)	

【业务 4.3.3】

金陵钱多多公司甲零件的年需要量为 720 件，单位标准价格为 100 元/件。已知每次订货成本为 50 元，单位储存成本为 20 元，请根据背景资料(见图 4-9)填写最佳经济订货批量计算表。

背景资料：

零件供应商的销售政策

一次订货量(件)	价格(元/件)
小于 100 件	100
大于 100(含)小于 200 件	98.5
大于 200 件(含)	98

图 4-9　零件供应商的销售政策

单据：

最佳经济订货批量计算表

项　目	数　值
不考虑价格优惠的经济订货批量(件)	
按经济订货批量进货的存货总成本(含购置成本)(元)	
100 件订货批量的存货总成本(含购置成本)(元)	
200 件订货批量的存货总成本(含购置成本)(元)	
最佳经济订货批量(件)	

【业务 4.3.4】

金陵钱多多公司甲材料的年需求量为 360000 千克，材料交货时间为 5 天，预计每天最大耗用量为 1200 千克，预计最长订货提前期为 8 天。请填写再订货点与保险储备量计算表。

单据：

再订货点与保险储备量计算表

项　目	数　值
原材料每日平均耗用量(千克)	
不考虑保险储备量时的再订货点(千克)	
保险储备量(千克)	
考虑保险储备量时的再订货点(千克)	

任务 4.4　项目综合实训

【业务 4.4.1】

根据背景资料(见图 4-10)中有关现金的信息对最佳现金持有量作出决策，填写最佳现金持有量决策表。

背景资料：

金陵面包公司概况

金陵面包公司成立于2007年，主打产品是全麦面包。全麦面包拥有丰富的膳食纤维，让人比较快就产生饱腹感，间接减少摄入量，且易于消化，不会对胃肠造成损害。在推崇健康饮食的今天，金陵面包特别受欢迎。加上金陵面包公司注重产品质量和服务质量，10年来销量成倍增长，2016年销售额达200多万元。

金陵面包公司生产面包的原料主要有谷物、各种果仁及小麦等。为保证面包质量，金陵面包公司对供应商要求非常严格。通过各项指标的考核和现场考察，选定了金陵农贸公司作为主供应商。

金陵农贸公司提供的小麦，生产过程无污染，各项指标严格按照国家关于食品安全的有关规定。小麦标准价格为3元/千克。促销条件为：客户每批购买量不足900千克的，按照标准价格计算；每批购买量900～1800千克的，价格优惠1%；每批购买量1800千克以上的，价格优惠3%。

金陵面包公司现金收支状况比较稳定，预计全年（按360天计算）需要现金150000元，现金与有价证券的转换成本为每次600元，有价证券的年利率为5%，资金成本率为10%。

金陵面包公司采取赊销方式销售，财务部门根据销售部门提供的资料已经按照现行收账政策做好了销售预算。在现行收账政策下，所有账户的平均收账期为2个月，坏账损失率为2%，收账费用一年需要4万元。

2016年年底召开的总经理办公会对现有收账政策进行了讨论。与会人员一致认为目前的收账政策过于严格，不利于扩大销售，且收账费用较高。在总经理办公会上，财务经理提出了两个新的收账方案。

甲方案：所有客户平均收账期延长至3个月，预计年销售额可达到280万元，收账费用相应地减少至一年2万元，但坏账损失率会提高到2.5%。

乙方案：所有客户平均收账期延长至4个月，预计年销售额可达到300万元，收账费用相应地减少至一年1万元，但坏账损失率会提高到3%。

图 4-10　金陵面包公司概况

说明：计算结果有小数位的保留两位小数，无小数位的保留整数。

单据：

最佳现金持有量决策表

项　　目	数　　值
最佳现金持有量(元)	
最低现金管理相关总成本(元)	
全年现金转换成本(元)	
全年现金持有机会成本(元)	
最佳现金持有量下的全年有价证券交易次数(次)	
有价证券交易间隔期(天)	

【业务 4.4.2】

承接业务 4.4.1，已知金陵面包公司的变动成本率为 80%，请根据背景资料中有关收账政策的信息(见图 4-10)以及 2017 年销售预测表(见图 4-11)，填写收账政策决策表。

说明：计算结果有小数位的保留两位小数，无小数位的保留整数。

背景资料：

金陵面包公司2017年销售预测表

项　目	第一季度	第二季度	第三季度	第四季度	全　年
预计销售数量（包）	60000	60000	60000	60000	240000
销售单价（元/包）	10	10	10	10	10
预计销售金额（元）	600000	600000	600000	600000	2400000
期初应收账款（元）	10000				10000
第一季度销售收入（元）	500000	100000			600000
第二季度销售收入（元）		500000	100000		600000
第三季度销售收入（元）			500000	100000	600000
第四季度销售收入（元）				500000	500000
现金销售收入（元）	510000	600000	600000	600000	2310000

图 4-11　金陵面包公司 2017 年销售预测表

单据：

收账政策决策表

项　　目	现行收账政策	甲方案	乙方案
年销售额(万元)			
信用成本前的收益(万元)			
应收账款平均余额(万元)			
应收账款机会成本(万元)			
坏账损失(万元)			
年收账费用(万元)			

续表

项　　目	现行收账政策	甲方案	乙方案
收账成本合计(万元)			
信用成本后的收益(万元)			
收账政策决策(填“是”或“否”)			

【业务 4.4.3】

承接业务 4.4.1 和业务 4.4.2,金陵面包公司已根据面包生产量作出了 2017 年的小麦采购预测(见图 4-12)。在确定每批购入量时,需考虑供应商给予的数量折扣。已知每次进货费用为 25 元,单位材料年储存成本为 2 元,请填写最佳经济订货批量决策表。

背景资料:

金陵面包公司 2017 年小麦采购预测表

项　　目	第一季度	第二季度	第三季度	第四季度	全　年
预计生产量(包)	60000	60000	60000	60000	240000
单位产品材料消耗定额(千克/包)	0.06	0.06	0.06	0.06	
预计生产需要量(千克)	3600	3600	3600	3600	14400
加:期末存料量(千克)	100	100	100	100	
预计需要量合计(千克)	3700	3700	3700	3700	14800
减:期初存料量(千克)	100	100	100	100	
预计购料量(千克)	3600	3600	3600	3600	14400
材料计划单价(元/千克)	3	3	3	3	3
预计购料金额(元)	10800	10800	10800	10800	43200
期初应付账款(元)	500				500
第一季度购料支出(元)	10000	800			10800
第二季度购料支出(元)		10000	800		10800
第三季度购料支出(元)			10000	800	10800
第四季度购料支出(元)				10000	10800
现金支出合计(元)	10500	10800	10800	10800	42900

图 4-12　金陵面包公司 2017 年小麦采购预测表

单据:

最佳经济订货批量决策表

项　　目	数　　值
不考虑数量折扣的经济订货批量(千克)	
按经济订货批量进货的存货总成本(含购置成本)(元)	
900 千克订货批量的存货总成本(含购置成本)(元)	
1800 千克订货批量的存货总成本(含购置成本)(元)	
最佳经济订货批量(千克)	

项目5

项目投资管理

任务5.1 现金流量计算

【业务5.1.1】

根据投资项目所处时期的不同，现金流量可以分为初始现金流量、营业现金流量和终结现金流量。请将以下项目所代表的字母填入现金流量分类表中。

A. 固定资产投资额
B. 流动资产投资额
C. 营业收入
D. 原有固定资产的变价收入
E. 固定资产变价净收入或净残值收入
F. 机会成本
G. 付现成本
H. 企业所得税
I. 其他投资费用
J. 收回的垫支营运资金

单据：

现金流量分类表

初始现金流量	营业现金流量	终结现金流量

【业务5.1.2】

金陵钱多多饮料有限公司计划于2017年年初投资一条新生产线，加工新型玉米汁饮料。预计总投资12000万元人民币(其中，垫支的流动资金2000万元)，建设期及生产经营期共7年，其中，建设期2年，生产经营期5年。假设不考虑所得税影响，请根据背景资料(见图5-1)填写项目投资终结现金流量计算表。

背景资料：

项目投资预计现金流量表 单位：万元

年　份	期初投资	流动资金	销售收入	付现成本	设备残值	净现金流量
2017	－7500					－7500
2018	－2500	－2000				－4500
2019			16000	－9000		7000

图5-1 项目投资预计现金流量表

年　份	期初投资	流动资金	销售收入	付现成本	设备残值	净现金流量
2020			18000	−9000		9000
2021		100	20000	−9000		11100
2022		500	20000	−9000		11500
2023		1400	16000	−9000	1000	9400

图　5-1(续)

单据：

项目投资终结现金流量计算表

项　　目	金额(万元)
固定资产清理净收入	
收回的垫支营运资金	
合　计	

【业务 5.1.3】

金陵钱多多公司为生产新研制成功的产品，决定新建一座厂房。假设不考虑所得税影响，请根据背景资料(见图 5-2)填写项目投资现金净流量计算表。

背景资料：

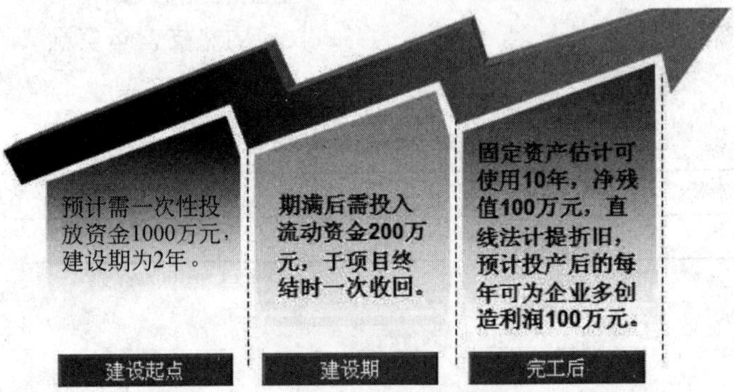

图 5-2　项目投资情况

单据：

项目投资现金净流量计算表

项　　目	金额(万元)
初始现金流量(第 0 年)	
初始现金流量(第 1 年)	
初始现金流量(第 2 年)	
营业现金流量(第 3～11 年每年)	
终结现金流量(第 12 年)	

【业务 5.1.4】

金陵钱多多公司为扩大产能，于 2017 年年初投资购入一台新设备。假设不考虑所得税影响，请根据背景资料(见图 5-3)填写项目投资现金净流量计算表。

背景资料：

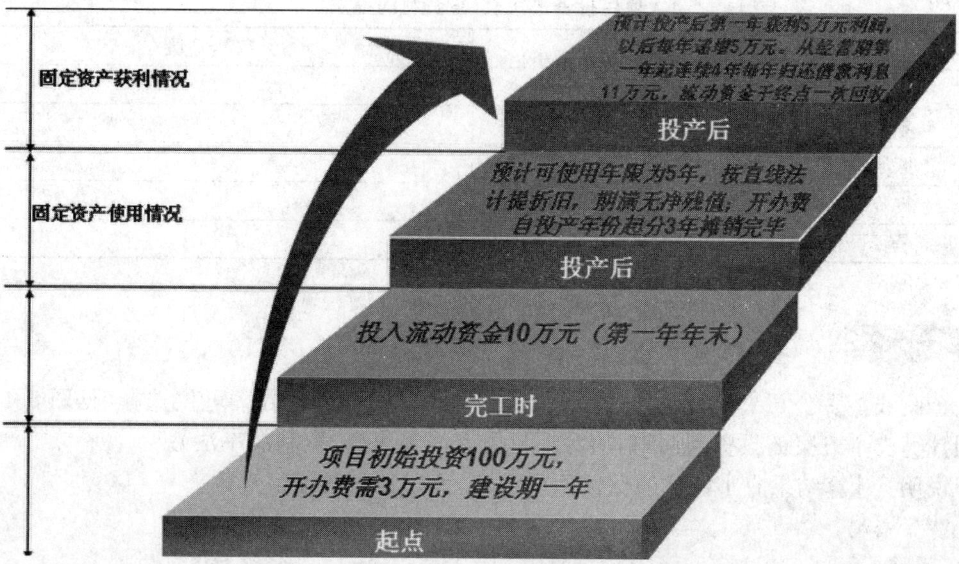

图 5-3　项目投资情况

单据：

项目投资现金净流量计算表

项　　目	金额(万元)
初始现金流量(第 0 年)	
初始现金流量(第 1 年)	
营业现金流量(第 2 年)	
营业现金流量(第 3 年)	
营业现金流量(第 4 年)	
营业现金流量(第 5 年)	
终结现金流量(第 6 年)	

任务 5.2　项目投资决策方法

【业务 5.2.1】

金陵钱多多公司 2017 年准备投资新建一条生产线，预计建设期 1 年，建设期内资本化利息为 10 万元。初始投资 100 万元和开办费 5 万元于建设起点投入。流动资金 20 万元于完工时(第一年年末)投入，于终点一次收回。该生产线使用寿命为 10 年，按直线法计提折旧,净残值为10万元。开办费自投产年份起分5年摊销完毕。预计投产后第一年获利5万元,以后每年递增5万元。从经营期第一年起连续4年,每年归还借款利息11万元。假设同期市场无风险收益率为10%,请填写项目投资决策表(投资利润率法)。

说明:计算结果有小数位的保留两位小数,无小数位的保留整数。

单据:

项目投资决策表(投资利润率法)

项目	数值
经营10年获得的利润总额(万元)	
年平均利润(万元)	
原始投资额(万元)	
投资利润率(%)	
是否可行(填写"是"或"否")	

【业务5.2.2】

金陵钱多多公司决定投资新建一条新生产线,目前有三个方案可供选择(见图5-4),请分别计算三个方案的投资利润率,填写项目投资决策表(投资利润率法)。

说明:计算结果有小数位的保留两位小数,无小数位的保留整数。

背景资料:

新生产线投资方案 单位:万元

年份	A方案		B方案		C方案	
	净利润	现金净流量	净利润	现金净流量	净利润	现金净流量
0	—	−40000	—	−18000	—	−18000
1	3600	23600	−3600	2400	900	6900
2	6480	26480	6000	12000	900	6900
3	—	—	6000	12000	900	6900
合计	10080	10080	8400	8400	2700	2700

图5-4 新生产线投资方案

单据:

项目投资决策表(投资利润率法)

项目	A方案	B方案	C方案
年平均净利润(万元)			
原始投资额(万元)			
投资利润率(%)			
投资决策(填写"是"或"否")			

【业务5.2.3】

金陵钱多多公司准备购入一项固定资产,现有甲、乙两个方案可供选择(见图5-5)。该企业适用的所得税税率为 25%，请填写年折旧额计算表。

背景资料：

固定资产投资方案

甲方案：无建设期，需投资10000元，使用寿命5年，采用直线法计提折旧，5年后无残值。5年中每年销售收入为6000元，每年付现成本为2000元。

乙方案：无建设期，需投资12000元，另需垫支营运资金3000元，使用寿命5年，采用直线法计提折旧，残值收入2000元。5年中每年销售收入为8000元，付现成本第1年为3000元，以后每年增加修理费400元。

图 5-5　固定资产投资方案

单据：

年折旧额计算表

方　　案	折旧额(元)
甲方案	
乙方案	

【业务 5.2.4】

承接业务 5.2.3，请填写项目投资营业现金流量计算表。

单据：

项目投资营业现金流量计算表　　单位：元

方　案	项　目	1	2	3	4	5
甲方案	销售收入					
	付现成本					
	折　旧					
	税前利润					
	所得税					
	税后利润					
	营业现金净流量					
乙方案	销售收入					
	付现成本					
	折　旧					
	税前利润					
	所得税					
	税后利润					
	营业现金净流量					

【业务 5.2.5】

承接业务 5.2.3 和业务 5.2.4，请填写投资项目现金流量计算表。

单据：

投资项目现金流量计算表　　单位：元

方　案	项　目	0	1	2	3	4	5
甲方案	固定资产投资						
	营业现金流量						
	现金流量合计						
乙方案	固定资产投资						
	营运资金垫支						
	营业现金流量						
	固定资产残值						
	营运资金收回						
	现金流量合计						

【业务 5.2.6】

承接业务 5.2.3～业务 5.2.5，请填写乙方案投资回收期计算表。

说明：计算结果有小数位的保留两位小数，无小数位的保留整数。

单据：

乙方案投资回收期计算表

项　目	1	2	3	4	5
现金净流量(元)					
年末尚未收回的投资额(元)					
投资回收期(年)	—	—	—	3.94	—

【业务 5.2.7】

承接业务 5.2.3～业务 5.2.6，请填写项目投资决策表(静态投资回收期法)。

说明：计算结果有小数位的保留两位小数，无小数位的保留整数。

单据：

项目投资决策表(静态投资回收期法)

项　目	数　值
甲方案的投资回收期(年)	
乙方案的投资回收期(年)	
方案选择(填“甲”或“乙”)	

【业务 5.2.8】

金陵钱多多公司精密零部件生产车间准备购入一台新设备，用于生产零部件。该项目筹建期为 1 年，生产期为 5 年，采用直线法计提折旧。预计新设备投产后每年可获得利润 60 万元。假设行业基准贴现率为 10%，查询年金现值系数表可得到以下数据：$(P/A,10\%,6)=4.3553$，$(P/A,10\%,5)=3.7908$，$(P/A,10\%,6)=0.9091$。请根据背景资料（见图 5-6 和图 5-7），填写项目投资决策表（净现值法）。

说明：计算结果有小数位的保留两位小数，无小数位的保留整数。

背景资料：

建设投资估算表

单位：万元

序号	工程或费用名称	估算价格						占建设投资的比例(%)	备注
		建筑工程	设备购置	安装工程	其他费用	合计	其中外币		
1	固定资产投资								
1.1	建筑工程投资								
1.2	设备购置费		180			180		90%	
1.3	安装工程费			20		20		10%	
1.4	工程建设其他费用								
2	无形资产投资								
2.1	土地使用权								
2.2	其他								
3	开办费								
4	预备费								
4.1	基本预备费								
4.2	涨价预备费								
	合计(1+2+3+4)		180	20		200		100%	

图 5-6　建设投资估算表

公司固定资产管理制度

为加强公司固定资产管理，明确部门及员工的职责，现结合公司实际，特制定本制度。

一、固定资产的标准

固定资产是指使用期限超过一年的房屋、建筑物、机器、机械、运输工具以及其他与生产经营有关的设备、器具工具等。不属于生产经营主要设备的物品，单位价值在2000元以上，并且使用期限超过2年的，也应作为固定资产管理。

二、固定资产的分类

固定资产类别	折旧计提年限	净残值率
1. 房屋及建筑物	20	10%
2. 机器设备	5	0%
3. 运输工具	10	10%
4. 计算机设备	5	10%
5. 办公家具及设备	5	10%
6. 其他		

图 5-7　公司固定资产管理制度

单据：

项目投资决策表(净现值法)

项　目	数　值
第0年的现金净流量(万元)	
第1年的现金净流量(万元)	
第2～6年每年的现金净流量(万元)	
项目净现值(万元)	
投资决策(填写"是"或"否")	

【业务 5.2.9】

承接业务5.2.8,假设新设备的残值率为5%,其他条件不变,请填写项目投资决策表(净现值法)。

说明：计算结果有小数位的保留两位小数,无小数位的保留整数。

单据：

项目投资决策表(净现值法)

项　目	数　值
第0年的现金净流量(万元)	
第1年的现金净流量(万元)	
第2～5年每年的现金净流量(万元)	
第6年的现金净流量(万元)	
项目净现值(万元)	
投资决策(填写"是"或"否")	

【业务 5.2.10】

金陵钱多多公司决定投资新建一条新生产线,目前有三个方案可供选择(见图5-8),假设公司确定的必要报酬率为10%,请分别计算三个方案的净现值和净现值率,填写投资决策表(净现值率法)。

说明：计算结果保留两位小数。

背景资料：

新生产线现金净流量情况　　单位：万元

年　份	A方案	B方案	C方案
0	−40000	−18000	−18000
1	23600	2400	6900
2	26480	12000	6900
3	—	12000	6900
合　计	10080	8400	2700

图5-8　新生产线现金净流量情况

单据：

投资决策表(净现值率法)

项　目	方案A	方案B	方案C
净现值(万元)			
净现值率(%)			
投资决策(填写“是”或“否”)			

【业务5.2.11】

承接业务5.2.10,请分别计算三个方案的现值指数,填写投资决策表(现值指数法)。

说明：计算结果保留两位小数。

单据：

投资决策表(现值指数法)

项　目	方案A	方案B	方案C
经营期现金流入现值(万元)			
现值指数法(%)			
投资决策(填写“是”或“否”)			

【业务5.2.12】

金陵钱多多公司拟新建一条生产线,预计建设期为1年,所需原始投资100万元于建设期起点一次投入。该设备预计使用寿命为4年,期满报废清理时的残值为5万元,折旧方法为双倍余额递减法。请填写固定资产折旧计算表。

单据：

固定资产折旧计算表

单位：万元

项　目	第2年	第3年	第4年	第5年
固定资产原值				
本年折旧				
累计折旧				
固定资产净值				

【业务5.2.13】

承接业务5.2.12,金陵钱多多公司预计新生产线投产后将为公司每年新增利润30万元,公司适用的行业基准折现率为10%,请计算该投资项目各年的现金净流量以及净现值、净现值率、现值指数,利用净现值率和现值指数指标评价该项目的财务可行性,填写投资方案决策表(净现值率法与现值指数法)。

说明：计算结果有小数位的保留两位小数,无小数位的保留整数。

单据：

投资方案决策表(净现值率法与现值指数法)

项　目	数　值
第 0 年现金净流量(万元)	
第 1 年现金净流量(万元)	
第 2 年现金净流量(万元)	
第 3 年现金净流量(万元)	
第 4 年现金净流量(万元)	
第 5 年现金净流量(万元)	
净现值(万元)	
净现值率(%)	
现值指数	
投资决策(填写“是”或“否”)	

【业务 5.2.14】

金陵钱多多公司购入果汁生产设备一台，价值 10 万元，于期初一次性投入。此外，项目初期还需垫支流动资金 50000 元，5 年后项目结束期一次性收回。设备投产后，每年可新增销售收入 8 万元，假设企业要求的最低投资报酬率为 10%，不考虑所得税，请根据背景资料(见图 5-9 和图 5-10)填写投资决策表(内含报酬率法)。

说明：计算结果有小数位的保留两位小数，无小数位的保留整数。

背景资料：

公司固定资产管理制度

为加强公司固定资产管理，明确部门及员工的职责，现结合公司实际，特制定本制度。

一、固定资产的标准

固定资产是指使用期限超过一年的房屋、建筑物、机器、机械、运输工具以及其他与生产经营有关的设备、器具工具等。不属于生产经营主要设备的物品，单位价值在2000元以上，并且使用期限超过2年的，也应作为固定资产管理。

二、固定资产的分类

固定资产类别	折旧计提年限	净残值率
1. 房屋及建筑物	20	10%
2. 机器设备	5	10%
3. 运输工具	10	10%
4. 计算机设备	5	10%
5. 办公家具及设备	5	10%
6. 其他		

图 5-9　公司固定资产管理制度

总成本费用估算表

单位:元

序号	项目	合计	计算期									
			1	2	3	4	5	6	7	8	9	10
1	外购原材料费		25000	25000	25000	25000	25000					
2	外购燃料及动力费											
3	工资及福利费		25000	25000	25000	25000	25000					
4	修理费		2000	2000	2000	2000						
5	折旧费		18000	18000	18000	18000	18000					
6	摊销费											
7	财务费用											
8	其他费用											
9	总成本费用合计(1+2+3+...+8)		70000	70000	70000	70000	68000					
	其中:可变成本											
	固定成本											
10	经营成本(9-5-6-7)		52000	52000	52000	52000	50000					

图 5-10　总成本费用估算表

单据：

投资决策表(内含报酬率法)

项　　目	数　　值
第 0 年的现金净流量(元)	
第 1～4 年每年的现金净流量(元)	
第 5 年的现金净流量(元)	
内含收益率(%)	
投资决策(填写“是”或“否”)	

【业务 5.2.15】

金陵钱多多公司现有甲、乙两个可供选择的投资项目,假设行业基准贴现率为 10%,请根据背景资料(见图 5-11)填写投资决策表(差额内含报酬率法)。

说明:计算结果保留两位小数。

背景资料：

投资项目差量净现金流量表

单位:万元

项　　目	0	1	2	3	4	5
甲项目的现金净流量	－640	200	200	200	200	200
乙项目的现金净流量	－530	170	170	170	170	170
差额净现金流量	－110	30	30	30	30	30

图 5-11　投资项目差量净现金流量表

单据：

投资决策表(差额内含报酬率法)

项　目	数　值
差额内含报酬率(%)	
行业基准贴现率为8%的投资决策	
行业基准贴现率为12%的投资决策	

【业务 5.2.16】

金陵钱多多公司考虑用一台新的、效率更高的设备来代替旧设备，以减少成本，增加收益。旧设备原购置成本为40万元，使用5年，估计还可使用5年，已提折旧20万元，假设使用期满后无残值，如果现在销售可得价款15万元。使用旧设备每年可获收入50万元，每年的付现成本为30万元。新设备的购置成本为60万元，估计可使用5年，期满有残值5万元。使用新设备后，每年收入可达80万元，每年付现成本为40万元。假设该公司的资本成本为10%，所得税税率为25%，新、旧设备均用直线法计提折旧。请填写营业现金流量差额计算表。

说明：计算结果有小数位的保留两位小数，无小数位的保留整数。

单据：

营业现金流量差额计算表

项　目	现金流量差额(万元)
销售收入	
付现成本	
折旧额	
税前利润	
所得税	
税后利润	
营业现金净流量	

【业务 5.2.17】

承接业务5.2.16，请填写各年现金流量差额计算表。

说明：计算结果有小数位的保留两位小数，无小数位的保留整数。

单据：

各年现金流量差额计算表

项　目	0	1	2	3	4	5
初始现金净流量差额(万元)						
营业现金净流量差额(万元)						
终结现金净流量差额(万元)						
现金净流量差额(万元)						

【业务 5.2.18】

承接业务 5.2.16 和业务 5.2.17，填写固定资产更新决策表。

说明：计算结果保留两位小数。

单据：

固定资产更新决策表

项　　目	数　　值
净现值差额（万元）	
投资决策（填写“是”或“否”）	

任务 5.3　项目综合实训

【业务 5.3.1】

请根据背景资料（见图 5-12），运用净现值法作出投资决策。

说明：计算结果有小数位的保留两位小数，无小数位的保留整数。

背景资料：

投资项目基本情况

金陵钱多多公司是一家综合性的主题乐园运营公司，计划引进一套新设备。

该套设备价格为1500万元，预计使用3年，期末无残值。因公司流动资金不足，购置设备所需资金欲通过发行债券进行筹集：债券面值总额为1500万元，期限为3年，票面年利率为8%，每年年末付息，债券按面值发行，发行费用率为2%。

该设备于购入当日投入使用，预计能使公司未来3年的营业收入分别增长1200万元、2000万元和1500万元，营业成本分别增加400万元、1000万元和600万元。

金陵钱多多公司的固定资产按直线法计提折旧，公司适用的所得税税率为25%，公司所在行业的基准折现率为10%。

图 5-12　投资项目基本情况

单据：

投资决策表（净现值法）

项　　目	数　　值
债券资金成本率（%）	
年折旧额（万元）	
第 1 年增加的净利润（万元）	
第 2 年增加的净利润（万元）	

续表

项　　目	数　　值
第 3 年增加的净利润(万元)	
第 1 年的经营现金净流量(万元)	
第 2 年的经营现金净流量(万元)	
第 3 年的经营现金净流量(万元)	
净现值(万元)	
投资决策(填写“是”或“否”)	

【业务 5.3.2】

请根据背景资料(见图 5-13),运用净现值法作出投资决策。

背景资料:

投资项目基本情况

金陵钱多多公司是一家综合性的主题乐园运营公司，现面临着两个项目的投资决策。

甲项目：欢乐谷娱乐项目。

1.初始投资150万元，其中固定资产投资100万元，流动资金投资50万元。

2.全部资金于建设起点一次性投入，建设期为0年，经营期为5年，固定资产到期净残值为5万元。

3.预计投产后每年营业收入90万元，每年总成本（含折旧）60万元。

乙项目：户外拓展项目。

1.初始投资200万元，其中固定资产投资120万元，流动资金投资80万元。

2.建设期2年，经营期5年，建设期资本化利息10万元，固定资产于建设期起点一次性投入；流动资金于建设期结束时投入，固定资产期末净残值为10万元。

3.项目投产后，年营业收入170万元，年经营成本80万元，经营期每年归还利息5万元。

金陵钱多多公司的固定资产按直线法计提折旧，全部流动资金于项目终结点收回，公司适用的所得税税率为25%，公司所在行业的基准折现率为10%。

图 5-13　投资项目基本情况

说明:计算结果有小数位的保留两位小数,无小数位的保留整数。

单据:

投资决策表(净现值法)　　　　单位:万元

项　　目	甲　项　目	乙　项　目
第 0 年现金流量		
第 1 年现金流量		
第 2 年现金流量		
第 3 年现金流量		
第 4 年现金流量		
第 5 年现金流量		
第 6 年现金流量	—	
第 7 年现金流量	—	
净现值(万元)		
投资决策(填写“是”或“否”)		

项目 6

证券投资管理

任务 6.1 债券投资

【业务 6.1.1】

金陵钱多多公司的李浩计划购买面值 100000 元、5 年期、平价发行的债券，请根据背景资料(见图 6-1)计算李浩在债券到期日可收回的现金，填写债券价值计算表。

说明：$(F/P,4\%,1)=1.04$；$(F/P,4.35\%,2)=1.0889$；$(F/P,4.65\%,3)=1.1461$；$(F/P,4.90\%,4)=1.2109$；$(F/P,5.20\%,5)=1.2885$；$(P/F,4\%,1)=0.9615$。计算结果有小数位的保留两位小数，无小数位的保留整数。

背景资料：

债券年利率表

到期日	1 年	2 年	3 年	4 年	5 年
年利率	4.00%	4.35%	4.65%	4.90%	5.20%

图 6-1　债券年利率表

单据：

债券价值计算表

项　　目	数　　值
到期日收回适用的利率(%)	
到期日收回的本利(元)	

【业务 6.1.2】

承接业务 6.1.1，如果李浩在第 4 年年末需要现金 123000 元，请填写债券价值计算表，判断这一投资选择能否满足他的要求。

说明：$(F/P,4\%,1)=1.04$；$(F/P,4.35\%,2)=1.0889$；$(F/P,4.65\%,3)=1.1461$；$(F/P,4.90\%,4)=1.2109$；$(F/P,5.20\%,5)=1.2885$；$(P/F,4\%,1)=0.9615$。计算结果有小数位的保留两位小数，无小数位的保留整数。

单据：

债券价值计算表

项　　目	数　　值
出售至到期的年数(年)	
适用的折现率(%)	
第4年年末出售的售价(元)	
投资能否满足要求(填写"是"或"否")	

【业务 6.1.3】

金陵钱多多公司的投资组合中包括三种不同的债券，面值均为1000元，请根据背景资料(见图6-2)填写债券价值计算表。

说明：计算结果有小数位的保留两位小数，无小数位的保留整数。

背景资料：

投资组合持有情况

债券名称	数量(张)	利率(%)	每年付息次数(次)	期限(年)	到期收益率(%)
16鲁高速	10000	0	0	5	6.00
15宁交投	5000	8	2	3	6.60
14中铝	8000	7	1	4	6.20

图6-2　投资组合持有情况

单据：

债券价值计算表

项　　目	16鲁高速	15宁交投	14中铝
单期利息(元)			
折现率(%)			
单张债券价值(元)			
数量(张)			
债券价值合计(元)			

【业务 6.1.4】

金陵钱多多公司于2017年发布了债券募集说明书，其相关概要信息已在《中国证券报》进行披露(见图6-3)。东方投资集团公司欲于债券发行之日购入金陵钱多多公司的债券，正在和该证券主承销商进行洽谈。请分别计算市场利率为8%、12%时的债券价值，填写债券发行价格预测表。

说明：假设债券发行价格根据债券价值确定。

背景资料：

2017 年金陵钱多多公司企业债券募集说明书概要

2017-03-19 05：14：00　来源：中国证券报

……

第三条　发行概要

一、发行人：金陵钱多多公司。

二、债券名称：2017 年金陵钱多多公司债券，简称“17 钱多多债券”。

三、发行总额：3 亿元。

四、债券期限和利率：本债券为 5 年期，票面年利率为 10%，在本期债券存续期内固定不变。本期债券采用单利按年计息，不计复利，逾期不另计利息。每年 6 月 30 日和 12 月 31 日支付两次利息，到期一次性偿还本金。

五、债券面值：5000 元/张。

……

七、发行范围及对象：本期债券通过承销团设置的发行网点公开发行。境内机构投资者（国家法律、法规另有规定者除外）均可购买。

……

图 6-3　2017 年金陵钱多多公司企业债券募集说明书概要

单据：

债券发行价格预测表

项　　目	市场利率 8%	市场利率 12%
单期利息(元)		
折现率(%)		
年金现值系数		
复利现值系数		
单张债券价值(元)		

【业务 6.1.5】

金陵钱多多公司于 2015 年 1 月 1 日买入平价发行的新债券，每张面值为 1000 元，票面利率为 8%，5 年到期，每年 12 月 31 日付息，请计算持有该债券至到期日的到期收益率。假设 2019 年 1 月 1 日该债券的市价为 900 元，请计算此时购买该债券的到期收益率，填写债券收益率计算表。

单据：

债券收益率计算表

项　　目	数　　值
持有至到期日的到期收益率(%)	
2019 年 1 月 1 日市价为 900 元的到期收益率(%)	

【业务 6.1.6】

金陵易能达公司于 2014 年 7 月 1 日发行某债券，面值为 100 元，期限为 3 年，票面年利率为 8%，每半年付息一次，付息日为 6 月 30 日和 12 月 31 日。假设金陵钱多多公司于 2016 年 7 月 1 日以 97 元购入该债券，请计算持有该债券至到期日的收益率，填写债券收益率计算表。

说明：计算结果保留两位小数。

单据：

债券收益率计算表

项目	数值
以 10%试算的债券价值(元)	
以 12%试算的债券价值(元)	
用内插法计算的到期收益率(%)	

【业务 6.1.7】

金陵钱多多公司拟购买某公司债券作为长期投资(打算持有至到期日)，要求的必要收益率为 6%。现有三家公司同时发行 5 年期，面值为 1000 元的债券。请根据背景资料(见图 6-4)计算三家公司债券的价值，填写债券投资决策表。

说明：计算结果有小数位的保留两位小数，无小数位的保留整数。

背景资料：

拟购买债券情况

项目	甲公司	乙公司	丙公司
票面利率(%)	8	8	0
发行价格(元)	1041	1050	750
其他条件	每年年末付息，到期还本	单利计息，到期一次还本付息	到期按面值还本

图 6-4　拟购买债券情况

单据：

债券投资决策表

项目	甲公司	乙公司	丙公司
发行价格(元)			
按必要收益率计算的债券价值(元)			
投资决策(填写“是”或“否”)			

任务6.2　股票投资

【业务6.2.1】

金陵钱多多公司想要购买东方公司的股票，该股票为固定增长股票，年股利增长率为6%，预计下一年的股利为0.8元，股票当前价格为16元。假设市场利率为10%，请填写股票价值计算表。

单据：

股票价值计算表

项　目	数　值
下一年的股利(元)	
市场利率(%)	
股利增长率(%)	
股票价值(元)	
股票当前价格(元)	

【业务6.2.2】

金陵钱多多公司预计所持有的东方公司股票未来3年将高速增长，年增长率为20%，此后转为正常增长，年增长率为6%。东方公司最近支付的股利为2元，假设金陵钱多多公司要求的必要收益率为15%，请填写高速增长期的股利现值计算表。

说明：计算结果保留四位小数。

单据：

高速增长期的股利现值计算表

年　份	股利(元)	复利现值系数	股利现值(元)
第1年			
第2年			
第3年			
合　计	—	—	

【业务6.2.3】

承接业务6.2.2，填写股票价值计算表。

说明：计算结果保留四位小数。

单据：

股票价值计算表

项　　目	数　　值
第3年年底的股票价值(元)	
第3年年底股票价值的现值(元)	
当前股票价值(元)	

【业务 6.2.4】

请根据背景资料(见图 6-5)分别计算股指的期望收益率与标准差、股票的期望收益率与标准差，填写股票投资相关指标计算表。

说明：计算结果保留两位小数。

背景资料：

股市相关情况

经济状况	概率(%)	股指收益率(%)	股票收益率(%)
差	5	−20	−30
较差	25	10	5
中	35	15	20
较好	20	20	25
好	15	25	30

图 6-5　股市相关情况

单据：

股票投资相关指标计算表

项　　目	股　　指	股　　票
期望收益率(%)		
标准差(%)		

【业务 6.2.5】

金陵钱多多公司 2015 年年初以 45 元的市价购入 10000 股东方公司股票。到年末分得现金红利 20000 元，该年年末股票市价涨至 48 元。2016 年年末金陵钱多多公司在获得了 25000 元红利后，随即以 52 元/股的市价将该股票全部出售。计算金陵钱多多公司持有股票期间的收益率和年均收益率，填写股票投资收益率计算表。

说明：计算结果保留两位小数。

单据：

股票投资收益率计算表

项　　目	数　　值
持有期间收益率(%)	
持有期间年均收益率(%)	

【业务 6.2.6】

金陵钱多多公司计划用一笔长期资金投资购买股票，现有东方证券和南海股份两支股票可供选择。东方证券当前股价为 18.02 元，上年每股股利为 3 元，预计以后每年增长 3%；南海股份当前股价为 17.35 元，上年每股股利为 1.3 元，坚持固定股利政策。假设金陵钱多多公司所要求的必要收益率为 8%，请填写股票投资决策表。

说明：计算结果保留两位小数。

单据：

股票投资决策表

项　目	东方证券	南海股份
股票价值(元)		
当前股价(元)		
投资决策(填写"是"或"否")		

任务 6.3　证券投资组合

【业务 6.3.1】

金陵钱多多公司准备投资购买股票，现有甲、乙、丙三家公司的股票可供选择，假设目前无风险报酬率为 8%，市场上所有股票的平均报酬率为 16%，请根据背景资料(见图 6-6)分别计算甲、乙、丙三家公司股票的必要报酬率和市场价值，填写股票投资决策表。

说明：计算结果有小数位的保留两位小数，无小数位的保留整数。

背景资料：

拟购买股票相关资料

项　目	甲公司	乙公司	丙公司
每股股利(元)	5	2	2.50
每股市价(元)	18	13.50	9.56
预期股利增长情况	2 年内固定增长 10%，以后转为零增长	持续增长，年固定增长 5%	2 年内固定增长 15%，以后转为固定增长 2%

图 6-6　拟购买股票相关资料

单据：

股票投资决策表

项　目	甲公司	乙公司	丙公司
必要报酬率(%)			
股票价值(元)			
每股市价(元)			
投资决策(填写"是"或"否")			

【业务 6.3.2】

承接业务 6.3.1，甲、乙、丙三家公司股票的 β 系数分别为 2、1.5 和 2.5，假设金陵钱多多公司按照 50%、30%和 20%的比例投资购买甲、乙、丙三家公司的股票，构成投资组合，请填写投资组合风险与收益计算表。

说明：计算结果保留两位小数。

单据：

投资组合风险与收益计算表

项　目	数　值
综合 β 系数	
组合的必要报酬率(%)	

【业务 6.3.3】

承接业务 6.3.1 和业务 6.3.2，金陵钱多多公司将甲公司的股票卖出，换回同等金额丁公司的债券，该债券的 β 系数为 0.1，请计算投资组合调整后的综合 β 系数与必要报酬率，填写投资组合风险与收益计算表。

单据：

投资组合风险与收益计算表

项　目	数　值
调整后的综合 β 系数	
调整后的必要报酬率(%)	

【业务 6.3.4】

金陵钱多多公司持有号百控股、中国联通、中工国际、中国建筑四种股票，假设股票的市场收益率为 14%，无风险收益率为 10%。请根据背景资料(见图 6-7 和图 6-8)计算该证券投资组合的综合 β 系数、风险收益率、必要收益率，填写投资组合风险与收益计算表。

说明：计算结果保留两位小数。

背景资料：

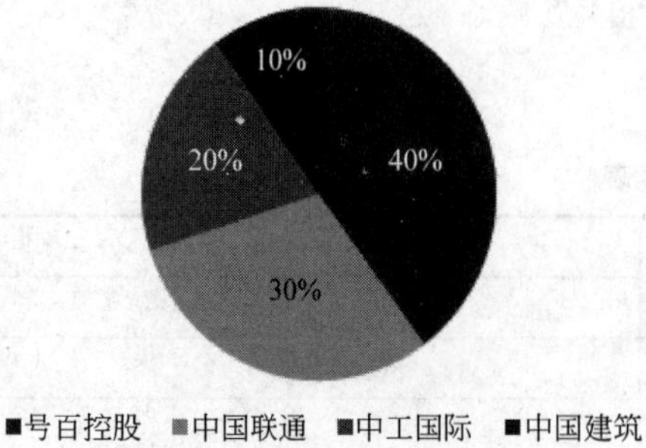

图 6-7　投资组合构成

投资组合个股股价与 β 系数

序号	股票名称	当前股价(元/股)	β 系数
1	号百控股	19.10	2
2	中国联通	8.34	1.2
3	中工国际	21.08	1
4	中国建筑	10.20	0.6

图 6-8　投资组合个股股价与 β 系数

单据：

投资组合风险与收益计算表

项　目	数　值
综合 β 系数	
风险收益率(%)	
必要收益率(%)	

任务 6.4　项目综合实训

【业务 6.4.1】

(判断题)为补充财务人员，金陵钱多多公司于 2015 年 3 月 10 日在某高校举办了校园招聘会。李浩为该校会计系大四毕业生，参加了笔试。请判断背景资料(见图 6-9)中李浩的答案是否正确。(　　)

背景资料：

金陵钱多多公司财务人员招聘笔试试卷

考试时间：120 分钟　　总分：100 分

姓名：李浩　　联系电话：13712345678

一、**不定项选择题**（每题所给的各选项中，有一个或以上的正确答案，请在该题后的括号内填入正确的选项，不答、少答、多答或答错均不得分，每题 4 分）

1. 下列说法正确的有（BD）。

A. β 系数测度系统风险，而标准差测度非系统风险

B. β 系数测度系统风险，而标准差测度整体风险

C. β 系数测度财务风险，而标准差测度经营风险

D. β 系数只反映市场风险，而标准差还反映特有风险

2. 衡量投资风险的指标有（ABC）。

A. 方差

B. 标准差

C. 标准离差率

D. 预期收益

……

图 6-9　李浩笔试试卷(部分)

【业务 6.4.2】

承接业务 6.4.1，李浩笔试和面试表现优异，顺利成为金陵钱多多公司财务经理李丽的助理。李丽目前正负责一个投资组合，该组合由五粮液、恒丰纸业、深天地 A 三种股票构成。李丽交代李浩收集与该投资组合相关的股票信息，计算相关指标。为此，李浩收集了近

年来的上证综合指数，以此作为市场收益率。由于几何平均值更能恰当地反映年度平均收益率指标，因而李浩选用了月度数据的几何平均值作为上交所的投资收益率，计算结果为15%。李浩还选取了五年期定期存款利率并换算成1年存款利率，以此作为无风险收益率，计算结果为6.85%。请根据背景资料（见图6-10和图6-11），帮李浩计算该投资组合的β系数、风险收益率、必要收益率，填写投资组合指标计算表。

说明：计算结果保留两位小数。

背景资料：

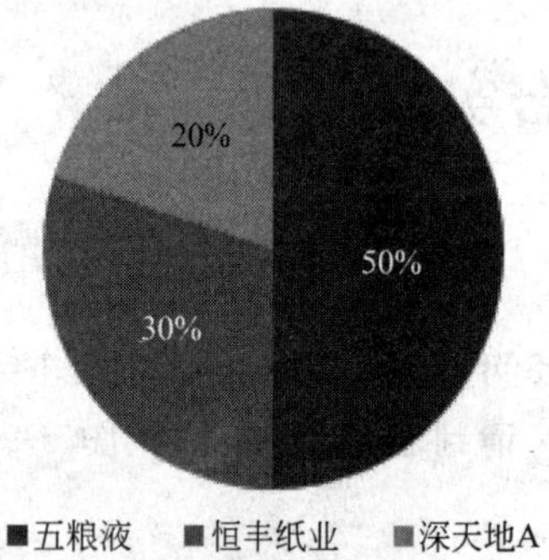

图6-10　投资组合个股构成图

投资组合个股相关数据

股　票	当前股份(元/股)	β系数
五粮液	56.25	0.79
恒丰纸业	9.99	0.91
深天地A	25.23	1.28

图6-11　投资组合个股相关数据

单据：

投资组合指标计算表

项　　目	数　　值
投资组合的β系数	
风险收益率(%)	
必要收益率(%)	

【业务6.4.3】

承接业务6.4.2，李浩在对五粮液、恒丰纸业、深天地A三只股票的持续关注中，注意到五粮液于2017年5月向全体股东派发了每10股9.00元的现金股利。根据金陵钱多多公司对五粮液历年数据的分析，预期的股利增长率为8%。请帮李浩计算五粮液的预期收益率和必要收益率，分析当前时点是否应继续持有该股票，填写股票投资决策表。

说明：计算结果保留两位小数。

单据：

股票投资决策表

项　　目	数　　值
预期收益率(%)	
必要收益率(%)	
投资决策(填写"是"或"否")	

【业务 6.4.4】

承接业务 6.4.3，2017 年 7 月，李浩接到李丽下达的工作任务，要求对公司目前准备购买的两种债券进行估价。假设市场利率为 8%，请根据背景资料（见图 6-12）分别计算两种债券的价值，填写债券投资决策表。

说明：计算结果保留两位小数。

背景资料：

拟投资债券相关资料

项　　目	债券 A	债券 B
面值（元）	1000	1000
票面利率（%）	9.2	8.4
期限（年）	4	4
发行方式	平价发行	平价发行
计息方式	单利计息，到期一次还本付息	单利计息，每年付息一次

图 6-12　拟投资债券相关资料

单据：

债券投资决策表

项　　目	债券 A	债券 B
债券价值（元）		
投资决策（填写“是”或“否”）		

项目 7

利润分配管理

任务 7.1　了解股利理论与股利分配政策

【业务 7.1.1】

(多选题)股利无关论持有者的观点有(　　)。

A. 投资人根本不关心股利的分配

B. 股利支付率不影响公司的价值

C. 存在个人所得税和企业所得税

D. 投资人对股利和资本利得无偏好

【业务 7.1.2】

(单选题)(　　)认为用留存收益再投资带给投资者的收益具有很大的不确定性,并且投资风险随着时间的推移将进一步增大,所以投资者更喜欢现金股利。

A. "在手之鸟"理论　　B. 信号传递理论

C. 代理成本理论　　D. 股利无关论

【业务 7.1.3】

(单选题)基于股利无关论的股利政策是(　　)。

A. 剩余股利政策　　B. 固定股利政策

C. 固定股利支付率政策　　D. 低正常股利加额外股利政策

【业务 7.1.4】

(单选题)金陵钱多多公司处于成长阶段,近年来经营业务不断拓展,预计现有的生产经营能力能够满足未来 10 年稳定增长的需要,公司希望其股利与公司盈余紧密配合。基于以上条件,最为适宜该公司的股利政策是(　　)。

A. 剩余股利政策　　B. 固定股利政策

C. 固定股利支付率政策　　D. 低正常股利加额外股利政策

【业务 7.1.5】

(多选题)小李说："快看,公告出来了。公司决定今年采取低正常股利加额外股利政策。"小王说："为什么会采取这个政策呢?"你认为公司采取低正常股利加额外股利政策的理由有(　　)。

A. 向市场传递公司非正常发展的信息

B. 使公司具有较大的灵活性

C. 保持理想的资本结构,使综合成本最低

D. 使依靠股利度日的股东有比较稳定的收入,从而吸引这部分投资者

【业务 7.1.6】

企业进行利润分配时,应充分考虑各种股利分配政策的利弊和企业自身特点,选择适宜的政策。企业可根据所处的发展阶段不同,选择不同的股利政策。请将四种股利政策对应的字母填入公司发展各阶段适用的股利政策对照表：A. 剩余股利政策;B. 固定股利政策;C. 固定股利支付率政策;D. 低政策股利加额外股利政策。

单据：

公司发展各阶段适用的股利政策对照表

公司发展阶段	特　点	适用的股利政策
初创阶段	公司经营风险高,有投资需求且融资能力差	
快速发展阶段	产品销售急剧上升,投资需求大	
稳定增长阶段	产品销售收入稳定,市场竞争力增强	
成熟阶段	盈利水平稳定,积累了相当多的盈余和资金	
衰退阶段	产品销售收入锐减,获利能力下降	

任务 7.2　股利与股利支付率计算

【业务 7.2.1】

金陵钱多多公司 2017 年年度投资计划所需资金为 700 万元,公司的目标资本结构是债务资本占 40%,权益资本占 60%。若公司实行剩余股利政策,请根据背景资料(见图 7-1)计算公司 2016 年应向投资者发放的股利,填写股利计算表(剩余股利分配)。

背景资料：

单据：

利润表（一般企业会计准则）

编制单位：　金陵钱多多公司　　　　2016　年 12 月　　　　　　　　单位：元

项目	行次	本期金额	上期金额
一、营业收入	1	20,000,000.00	19,047,619.00
减：营业成本	2	9,000,000.00	8,571,428.00
税金及附加	3	300,000.00	285,714.00
销售费用	4	423,500.00	403,333.00
管理费用	5	200,000.00	200,000.00
财务费用	6	6,500.00	6,500.00
资产减值损失	7	5,000.00	5,000.00
加：公允价值变动收益（损失以"–"号填列）	8	27,000.00	26,000.00
投资收益（损失以"–"号填列）	9	1,903,000.00	1,833,000.00
其中：对联营企业和合营企业的投资收益	10	0.00	0.00
二、营业利润（亏损以"–"号填列）	11	11,995,000.00	11,434,644.00
加：营业外收入	12	10,000.00	3,000.00
其中：非流动资产处置利得	13	0.00	
减：营业外支出	14	5,000.00	9,084.00
其中：非流动资产处置损失	15	0.00	
三、利润总额（亏损总额以"–"号填列）	16	12,000,000.00	11,428,560.00
减：所得税费用	17	3,000,000.00	2,857,140.00
四、净利润（净亏损以"–"号填列）	18	9,000,000.00	8,571,420.00
五、其他综合收益的税后净额	19		
(一) 以后不能重分类进损益的其他综合收益	20		
1.重新计量设定受益计划净负债或净资产的变动			
2.权益法下在被投资单位不能重分类进损益的其他综合收益中享有的份额			
(二) 以后将重分类进损益的其他综合收益	21		
1.权益法下在被投资单位以后将重分类进损益的其他综合收益中享有的份额			
2.可供出售金融资产公允价值变动损益			
3.持有至到期投资重分类为可供出售金融资产损益			
4.现金流经套期损益的有效部分			
5.外币财务报表折算差额			
六、综合收益总额	22		
七、每股收益：	23		
（一）基本每股收益	24		
（二）稀释每股收益	25		

单位负责人：元　　　　会计主管　　　　复核　　　　制表

图 7-1　金陵钱多多公司利润表(2016 年 12 月)

股利计算表(剩余股利政策)

项　目	金额(万元)
投资所需的权益资本	
2016 年应发放的股利	

【业务 7.2.2】

金陵钱多多公司 2017 年年度实现税后利润 200 万元，年初未分配利润为 40 万元。公司下一个年度将面临一个投资计划，需投资 100 万元。公司预期的最佳资本结构的权益负债比为 3∶2，公司发行在外的普通股为 80 万股。假设公司计提盈余公积的比例为 15%，拟采用剩余股利政策，请填写股利计算表(剩余股利政策)。

说明：计算结果有小数位的保留三位小数，无小数位的保留整数。

单据：

股利计算表(剩余股利政策)

项　　目	金额(元)
应提取的盈余公积	
投资所需的权益资本	
本年应发放的股利	
发放股利后的年末未分配利润	
每股收益	
每股股利	

【业务 7.2.3】

金陵钱多多公司 2017 年年度投资计划所需资金为 700 万元，公司的目标资本结构是债务资本占 40%，权益资本占 60%。若公司实行固定股利支付率政策，每年按 40%的比例分配股利，请根据背景资料(见图 7-2 和图 7-3)计算公司 2016 年应向投资者发放的股利，填写股利计算表(固定股利支付率政策)。

背景资料：

利润表（一般企业会计准则）

编制单位：　金陵钱多多公司　　　2016 年 12 月　　　单位：元

项目	行次	本期金额	上期金额
一、营业收入	1	20,000,000.00	19,047,619.00
减：营业成本	2	9,000,000.00	8,571,428.00
税金及附加	3	300,000.00	285,714.00
销售费用	4	423,500.00	403,333.00
管理费用	5	200,000.00	200,000.00
财务费用	6	6,500.00	6,500.00
资产减值损失	7	5,000.00	5,000.00
加：公允价值变动收益（损失以"–"号填列）	8	27,000.00	26,000.00
投资收益（损失以"–"号填列）	9	1,903,000.00	1,833,000.00
其中：对联营企业和合营企业的投资收益	10	0.00	0.00
二、营业利润（亏损以"–"号填列）	11	11,995,000.00	11,434,644.00
加：营业外收入	12	10,000.00	3,000.00
其中：非流动资产处置利得	13	0.00	0.00
减：营业外支出	14	5,000.00	9,084.00
其中：非流动资产处置损失	15	0.00	0.00

图 7-2　金陵钱多多公司利润表(2016 年 12 月)

三、利润总额（亏损总额以"-"号填列）	16	12,000,000.00	11,428,560.00
减：所得税费用	17	3,000,000.00	2,857,140.00
四、净利润（净亏损以"-"号填列）	18	9,000,000.00	8,571,420.00
五、其他综合收益的税后净额	19		
（一）以后不能重分类进损益的其他综合收益	20		
1.重新计量设定受益计划净负债或净资产的变动			
2.权益法下在被投资单位不能重分类进损益的其他综合收益中享有的份额			
（二）以后将重分类进损益的其他综合收益	21		
1.权益法下在被投资单位以后将重分类进损益的其他综合收益中享有的份额			
2.可供出售金融资产公允价值变动损益			
3.持有至到期投资重分类为可供出售金融资产损益			
4.现金流经套期损益的有效部分			
5.外币财务报表折算差额			
六、综合收益总额	22		
七、每股收益：	23		
（一）基本每股收益	24		
（二）稀释每股收益	25		

单位负责人：　　会计主管　　复核　　制表

图 7-2（续）

利润分配顺序

根据《中华人民共和国公司法》等有关规定，非股份制企业当年实现的利润总额应按国家有关税法的规定做相应调整，然后依法缴纳所得税。缴纳所得税后的净利润除法律、行政法规另有规定外，均按下列顺序进行分配。

（1）弥补以前年度的亏损。

（2）提取法定盈余公积。法定盈余公积按照税后利润扣除弥补亏损后余额的10%提取，当企业的法定盈余公积累计达到企业注册资本的50%时，可不再提取。

（3）向投资者分配利润。

股份制企业的利润分配顺序如下。

（1）弥补以前年度的亏损。

（2）提取法定盈余公积。

（3）支付优先股股息。

（4）提取任意盈余公积。

（5）支付普通股股利。

金陵钱多多公司是一家非股份制企业，2015年年度有盈利，2016年年度按照税后利润的10%提取法定盈余公积。

图 7-3　利润分配顺序

单据：

股利计算表（固定股利支付率政策）

项　　目	数　　值
2016 年净利润（万元）	
2016 年应提取的法定盈余公积（万元）	
股利支付率（%）	
2016 年应发放的股利（万元）	

【业务 7.2.4】

金陵钱多多公司 2016 年年度的净利润为 500 万元，若公司实行低正常股利加额外股利政策，低正常股利为 150 万元，额外股利为净利润超过 400 万元以上部分的 20%，请计算公司 2016 年应发放的股利，填写股利计算表(低正常股利加额外股利政策)。

单据：

股利计算表(低正常股利加额外股利政策)

项　　目	金额(万元)
低正常股利	
额外股利	
2016 年应发放的股利	

【业务 7.2.5】

金陵钱多多家具有限公司经董事会批准，决定于 2017 年增发新股。公司 2016 年之前已发行的股票每股市价为 45 元。公司按照税后利润的 10% 提取盈余公积，剩余部分全部用于分配股利。公司增资后，预计股票市盈率将下降 25%，每股收益将下降为 12 元。请根据背景资料(见图 7-4 和图 7-5)填写股利分配计算表。

说明：计算结果有小数位的保留两位小数，无小数位的保留整数。

背景资料：

金陵钱多多家具有限公司第二届董事会第九次会议
关于公募增发新股的决议公告

金陵钱多多家具有限公司(下称“本公司”)第二届董事会第九次会议于2017年1月5日在公司总部召开，应到董事九名，实到七名，监事会成员列席了会议。会议由董事长钱多多先生主持。会议讨论了关于增发新股的方案，一致认为：为进一步扩大主营业务生产能力，调整产品结构，建立新的生产基地布局，实施低成本扩张，通过公募增发新股筹集资金是必要和可行的。会议经过表决，通过了有关公募增发新股的方案如下。

一、发行股票种类：境内上市流通的人民币普通股。

二、每股面值：人民币1元。

三、发行数量：含根据超额配售选择权发行的股份在内，不高于200万股。

四、发行对象：机构投资者、股权登记日在册的本公司流通股股东、公众投资者。

五、定价方式：由本公司和主承销商根据本公司的经营状况与发行时的股票市场情况按市价折扣法确定询价区间，询价结束后，按簿记结果确定发行价格。

六、发行方式：

(一) 本次发行采用“网上网下累计投标询价同步进行”的方式，即同时在网上面向原流通股股东及公众投资者、在网下面向机构投资者询价发行。

(二) 根据发行申购的实际情况，由发行人与主承销商协商确定网上及网下发行的数量。

(三) 股权登记日在册的原流通股股东可参与累计投标询价，有效申购价格高于发行价格的所有原流通股股东均可按其原持股数的一定比例优先配售，新股具体申购及分配方法将由发行人与主承销商协商确定。

(四) 授权主承销商在一定条件下行使超额配售选择权，主承销商可在包销数额之外发售不超过包销数额15%的超额配售股份，超额配售股份的发行为本次发行的一部分。

图 7-4　关于公募增发新股的决议公告

利润表（一般企业会计准则）

编制单位：　金陵钱多多家具有限公司　　　2016 年 12 月　　　　　　单位：元

项目	行次	本期金额	上期金额
一、营业收入	1	35,000,000.00	31,500,000.00
减：营业成本	2	10,000,000.00	9,000,000.00
税金及附加	3	2,000,000.00	1,800,000.00
销售费用	4	1,000,000.00	900,000.00
管理费用	5	1,000,000.00	900,000.00
财务费用	6	1,000,000.00	900,000.00
资产减值损失	7	0.00	0.00
加：公允价值变动收益（损失以"-"号填列）	8	0.00	0.00
投资收益（损失以"-"号填列）	9	0.00	0.00
其中：对联营企业和合营企业的投资收益	10	0.00	0.00
二、营业利润（亏损以"-"号填列）	11	20,000,000.00	18,000,000.00
加：营业外收入	12	0.00	0.00
其中：非流动资产处置利得	13	0.00	0.00
减：营业外支出	14	0.00	0.00
其中：非流动资产处置损失	15	0.00	0.00
三、利润总额（亏损总额以"-"号填列）	16	20,000,000.00	18,000,000.00
减：所得税费用	17	5,000,000.00	4,500,000.00
四、净利润（净亏损以"-"号填列）	18	15,000,000.00	13,500,000.00
五、其他综合收益的税后净额	19		
（一）以后不能重分类进损益的其他综合收益	20		
1.重新计量设定受益计划净负债或净资产的变动			
2.权益法下在被投资单位不能重分类进损益的其他综合收益中享有的份额			
（二）以后将重分类进损益的其他综合收益	21		
1.权益法下在被投资单位以后将重分类进损益的其他综合收益中享有的份额			
2.可供出售金融资产公允价值变动损益			
3.持有至到期投资重分类为可供出售金融资产损益			
4.现金流经套期损益的有效部分			
5.外币财务报表折算差额			
六、综合收益总额	22		
七、每股收益：	23		
（一）基本每股收益	24	15.00	13.50
（二）稀释每股收益	25		

单位负责人：　　　会计主管　　　复核　　　制表

图 7-5　利润表(2016 年)

单据：

股利分配计算表

项　目	数　值	项　目	数　值
可分配的利润(元)		增发后的市盈率	
每股收益(元/股)		股票增发价格(元/股)	
增发前的市盈率			

【业务 7.2.6】

金陵钱多多公司以 50%的资产负债率作为目标资本结构。公司 2016 年的权益资本为 500 万元，税后利润为 1000 万元，2017 年预计总资产将达到 2400 万元。若公司采用剩余股利政策，请计算2016年的股利支付率，填写股利支付率计算表。

单据：

股利支付率计算表

项　目	数　值	项　目	数　值
2017年预计总资产(万元)		2016年权益资本(万元)	
目标资产负债率(%)		需补充的权益资本(万元)	
2017年预计权益资本(万元)		2016年股利支付率(%)	

任务7.3 利润分配程序与股利支付方式

【业务7.3.1】

根据所学知识与相关法律规定，将相应字母按顺序填入利润分配程序表中。

股份制企业：A. 提取法定盈余公积；B. 弥补以前年度亏损；C. 提取任意盈余公积；D. 向投资者分配利润。

非股份制企业：A. 提取法定盈余公积；B. 弥补以前年度亏损；C. 向投资者分配利润。

单据：

利润分配程序表

企业类型	第一步	第二步	第三步	第四步
股份制企业				
非股份制企业				—

【业务7.3.2】

(多选题)常见的股利支付方式有(　　)。

A. 现金股利　B. 财产股利　C. 负债股利　D. 股票股利

【业务7.3.3】

(单选题)以下关于股票股利的说法正确的是(　　)。

A. 发放股票股利不会降低每股市价

B. 发放股票股利会导致公司资产流失

C. 发放股票股利会增加公司财产

D. 发放股票股利会引起所有者权益各项目的结构比例发生变化

【业务7.3.4】

金陵钱多多股份有限公司2016年净利润为540000元，普通股股数为300000股，每股面值为2元，每股市价为24元。公司当年决定发放8%的股票股利，请根据背景资料(见

图 7-6)填写股票股利计算表。

说明：计算结果有小数位的保留两位小数，无小数位的保留整数。

背景资料：

资产负债表

会企01表

编制单位：金陵钱多多股份有限公司　　2016年 12月 31日　　单位：元

资 产	期末余额	年初余额	负债和所有者权益(或股东权益)	期末余额	年初余额
流动资产:			流动负债:		
货币资金	100000	900000	短期借款	100000	90000
交易性金融资产	500000	450000	交易性金融负债	100000	90000
应收票据	300000	270000	应付票据	400000	360000
应收 账款	500000	450000	应付账款	400000	360000
预付账款	10000	9000	预收账款	0	0
应收利息	20000	18000	应付职工薪酬	0	0
应收股利	20000	18000	应交税费	100000	90000
其他应收款	50000	45000	应付利息	100000	90000
存货	1000000	900000	应付股利	100000	90000
一年内到期的非流动资产	0	0	其他应付款	0	0
其他流动资产	100000	90000	一年内到期的非流动负债	0	0
流动资产合计	2600000	2340000	其他流动负债	0	0
非流动资产：			流动负债合计	1300000	1170000
可供出售金融资产	300000	270000	非流动负债：		
持有至到期投资	200000	180000	长期借款	900000	810000
长期应收款	0	0	应付债券	500000	450000
长期股权投资	500000	450000	长期应付款	100000	90000
投资性房地产	0	0	专项应付款	0	0
固定资产原价			预计负债	0	0
减：累计折旧			递延所得税负债	0	0
固定资产净值	2000000	1800000	其他非流动负债	0	0
在建工程	0	0	非流动负债合计	1500000	1350000
工程物资	0	0	负债合计	2800000	2520000
固定资产清理	0	0	所有者权益(或股东权益)：		
无形资产	0	0	实收资本(或股本)	600000	600000
开发支出	0	0	资本公积	300000	300000
商誉	0	0	减：库存股	0	0
长期待摊费用	0	0	盈余公积	0	0
递延所得税资产	0	0	未分配利润	1900000	1620000
其他非流动资产	0	0	所有者权益(或股东权益)合计	2800000	2520000
非流动资产合计	3000000	2700000			
资产总计	5600000	5040000	负债和所有者权益(或股东权益)合计	5600000	5040000

单位负责人　　会计主管　　复核　　制表

图 7-6　资产负债表(2016 年 12 月 31 日)

单据：

股票股利计算表

项　　目	数　值	项　　目	数　值
发放股票股利后的普通股总数(股)		资本公积增加金额(元)	
发放股票股利后的股本(元)		发放股票股利后的资本公积(元)	
股本增加金额(元)		发放股票股利前的每股利润(元/股)	
未分配利润减少金额(元)		发放股票股利后的每股利润(元/股)	

【业务 7.3.5】

请根据背景资料(见图 7-7)填写股利发放时间表。

背景资料：

证券代码：000651　　　证券简称：格力电器　　　公告编号：2017-21

珠海格力电器股份有限公司

2016 年年度权益分派实施公告

本公司及董事会全体成员保证公告内容的真实、准确和完整，不存在虚假记载、误导性陈述或者重大遗漏。

珠海格力电器股份有限公司（以下简称“本公司”或“公司”）2016 年年度权益分派方案已获 2017 年 5 月 18 日召开的 2016 年年度股东大会审议通过，现将权益分派事宜公告如下。

一、股东大会审议通过权益分派方案情况

（一）公司 2016 年年度权益分派方案已获 2017 年5月18日召开的2016年年度股东大会审议通过，股东大会决议公告刊登于 2017 年 5 月 19 日的《中国证券报》《证券时报》《证券日报》《上海证券报》和巨潮资讯网（www.cninfo.com.cn）。

（二）自权益分派方案披露至实施期间公司股本总额未发生变化。

（三）本次实施的权益分派方案与股东大会审议通过的权益分派方案一致。

（四）本次实施权益分派方案的时间离股东大会审议通过的时间未超过两个月。

二、权益分派方案

本公司 2016 年年度权益分派方案为：以公司现有总股本 6,015,730,878 股为基数，向全体股东每 10 股派 18.00 元人民币现金（含税；扣税后，QFII、RQFII 以及持有股改限售股、首发限售股的个人和证券投资基金每 10 股派 16.20 元；持有非股改、非首发限售股及无限售流通股的个人股息红利税实行差别化税率征收，先按每 10 股派 18.00 元，权益登记日后根据投资者减持股票情况，再按实际持股期限补缴税款；持有非股改、非首发限售股及无限售流通股的证券投资基金所涉红利税，对香港投资者持有基金份额部分按 10%征收，对内地投资者持有基金份额部分实行差别化税率征收[a]；对于 QFII、RQFII 外的其他非居民企业，本公司未代扣代缴所得税，由纳税人在所得发生地缴纳。）。

【[a]注：根据先进先出的原则，以投资者证券账户为单位计算持股期限，持

图 7-7　格力电器 2016 年年度权益分派实施公告

股1个月（含1个月）以内，每10股补缴税款3.60元；持股1个月以上至1年（含1年）的，每10股补缴税款1.80元；持股超过1年的，不需补缴税款。】

三、股权登记日与除权除息日

本次权益分派股权登记日为：2017年7月4日。

除权除息日为：2017年7月5日。

四、权益分派对象

本次分派对象为：截至2017年7月4日下午深圳证券交易所收市后，在中国证券登记结算有限责任公司深圳分公司（以下简称“中国结算深圳分公司”）登记在册的本公司全体股东。

五、权益分派方法

本公司此次委托中国结算深圳分公司代派的现金红利将于2017年7月5日通过股东托管证券公司（或其他托管机构）直接划入其资金账户。

六、咨询机构

咨询地址：广东省珠海市香洲前山金鸡西路格力电器股份有限公司

咨询联系人：叶洁云、吴青青

咨询电话：0756-8669232

传真电话：0756-8614998

七、备查文件

（一）中国结算深圳分公司确认有关权益分派的具体时间安排的文件。

（二）公司2016年年度股东大会决议。

（三）第十届第十二次董事会决议。

珠海格力电器股份有限公司

董事会

二〇一七年六月二十九日

图 7-7(续)

单据：

股利发放时间表

项　目	日　期
股利宣布日	
股权登记日	
除息日	
股利发放日	

任务 7.4　股票分割与股票回购

【业务 7.4.1】

(单选题)以下关于股票分割的说法不正确的是(　　)。

A. 股票分割会改变公司价值　　B. 股票分割会增加发行在外的普通股股数

C. 股票分割会使普通股每股面额降低　　D. 股票分割会使每股盈余下降

【业务 7.4.2】

(多选题)股票分割可能导致的结果有(　　)。

A. 减少股利支付　　B. 吸引更多的投资者

C. 降低每股盈余　　D. 树立企业发展形象

【业务 7.4.3】

金陵钱多多公司股票的当前市价为 50 元,公司决定单招 1 股换 2 股的比例进行股票分割,请根据背景资料(见图 7-8)填写股东权益计算表。

背景资料:

股票分割前的股东权益

股 东 权 益	金额(万元)
普通股(面值 6 元,发行在外 1000000 股)	600
资本公积	300
未分配利润	200
股东权益合计	1100

图 7-8　股票分割前的股东权益

单据:

股票分割计算表

项　　目	数　　值
分割后普通股股数(股)	
分割后普通股账户金额(元)	
分割后每股面值(元/股)	
分割后资本公积(元)	
分割后未分配利润(元)	
分配后股东权益合计(元)	

【业务 7.4.4】

(判断题)与发放现金股利相比,股票回购可以提高每股收益,使股价上升或将股价维持在一个合理的水平上。(　　)

【业务 7.4.5】

(多选题)股票回购的负面效应包括(　　)。

A. 造成资金短缺　　B. 发起人忽视公司的长远发展

C. 导致内部操纵股价　　D. 降低企业股票价值

任务 7.5　项目综合实训

【业务 7.5.1】

2017 年,金陵酒店股份有限公司决定发放现金股利,请根据背景资料(见图 7-9～图 7-11)填写现金股利计算表。

背景资料:

资产负债表

编制单位:金陵酒店股份有限公司　　2016 年 12 月 31 日　　单位:元

资 产	期末余额	年初余额	负债和所有者权益(或股东权益)	期末余额	年初余额
流动资产:			流动负债:		
货币资金	300,000.00		短期借款	200,000.00	
以公允价值计量且其变动计入当期损益的金融资产	700,000.00		以公允价值计量且其变动计入当期损益的金融负债	200,000.00	
应收票据	50,000.00		应付票据	200,000.00	
应收账款	150,000.00		应付账款	200,000.00	
预付款项	400,000.00	200,000.00	预收款项		
应收利息	30,000.00		应付职工薪酬		
应收股利	70,000.00		应交税费	10,000.00	
存货	300,000.00		应付股利	20,000.00	
一年内到期的非流动资产			其他应付款	80,000.00	
其他流动资产			一年内到期的非流动负债		
流动资产合计	2,000,000.00		其他流动负债		
非流动资产:			**流动负债合计**	1,000,000.00	
可供出售金融资产			非流动负债:		
持有至到期投资	100,000.00		长期借款	1,000,000.00	
长期应收款			应付债券	900,000.00	
长期股权投资	900,000.00		长期应付款		
投资性房地产			专项应付款		
固定资产	1,900,000.00		预计负债		
在建工程	100,000.00		递延收益		
工程物资			递延所得税负债		
固定资产清理			其他非流动负债		
生产性生物资产			**非流动负债合计**	1,900,000.00	
油气资产			**负债合计**	2,900,000.00	
无形资产	800,000.00		所有者权益(或股东权益):		
开发支出			实收资本(或股本)	400,000.00	
商誉			资本公积	500,000.00	
长期待摊费用			减:库存股		
递延所得税资产			其他综合收益		
其他非流动资产			盈余公积		
非流动资产合计	3,800,000.00		未分配利润	2,000,000.00	
			所有者权益(或股东权益)合计	2,900,000.00	
资产总计	5,800,000.00		**负债和所有者权益(或股东权益)合计**	5,800,000.00	

单位负责人　钱多多　　会计主管　张丽　　复核　张丽　　制表　张雯

图 7-9　资产负债表(2016 年 12 月 31 日)

利润表（一般企业会计准则）

编制单位：　金陵酒店股份有限公司　　　2016　年 12　月　　　　单位：元

项目	行次	本期金额	上期金额
一、营业收入	1	14,000,000.00	13,000,000.00
减：营业成本	2	3,000,000.00	2,500,000.00
税金及附加	3	1,000,000.00	950,000.00
销售费用	4	50,000.00	5,000.00
管理费用	5	40,000.00	4,000.00
财务费用	6	10,000.00	1,000.00
资产减值损失	7		
加：公允价值变动收益（损失以"-"号填列）	8		
投资收益（损失以"-"号填列）	9	100,000.00	90,000.00
其中：对联营企业和合营企业的投资收益	10		
二、营业利润（亏损以"-"号填列）	11	10,000,000.00	9,540,000.00
加：营业外收入	12	5,000.00	3,000.00
其中：非流动资产处置利得	13		
减：营业外支出	14	5,000.00	2,000.00
其中：非流动资产处置损失	15		
三、利润总额（亏损总额以"-"号填列）	16	10,000,000.00	9,541,000.00
减：所得税费用	17	2,500,000.00	2,385,250.00
四、净利润（净亏损以"-"号填列）	18	7,500,000.00	7,155,750.00
五、其他综合收益的税后净额	19		
(一) 以后不能重分类进损益的其他综合收益	20		
1.重新计量设定受益计划净负债或净资产的变动			
2.权益法下在被投资单位不能重分类进损益的其他综合收益中享有的份额			
(二) 以后将重分类进损益的其他综合收益	21		
1.权益法下在被投资单位以后将重分类进损益的其他综合收益中享有的份额			
2.可供出售金融资产公允价值变动损益			
3.持有至到期投资重分类为可供出售金融资产损益			
4.现金流经套期损益的有效部分			
5.外币财务报表折算差额			
六、综合收益总额	22		
七、每股收益：	23		
（一）基本每股收益	24		
（二）稀释每股收益	25		

单位负责人：　　　会计主管　　　复核　　　制表

图 7-10　利润表(2016 年 12 月)

证券代码：600640　　　　证券简称：金陵酒店　　　　公告编号：2017-024

金陵酒店股份有限公司2016年年度权益分派实施公告

本公司董事会及全体董事保证本公告内容不存在任何虚假记载、误导性陈述或者重大遗漏，并对其内容的真实性、准确性和完整性承担个别及连带责任。

一、通过分配方案的股东大会届次和日期

本次利润分配方案经公司 2017 年 5 月 25 日的 2016 年年度股东大会审议通过。

二、分配方案

1.发放年度：2016 年年度。

2.分派对象：截至股权登记日下午上海证券交易所收市后，在中国证券登记结算有限责任公司上海分公司（以下简称“中国结算上海分公司”）登记在册的本公司全体股东。

3.分配方案：本次利润分配以方案实施前的公司总股本 200000 股为基数，每股派发现金红利 5 元(含税)。

三、相关日期

股份类别	股权登记日	最后交易日	除权（息）日	现金红利发放日
A股	2017/7/13	—	2017/7/14	2017/7/14

四、分配实施办法

……

五、有关咨询办法

……

特此公告。

金陵酒店股份有限公司董事会

2017 年 7 月 8 日

图 7-11　金陵酒店股份有限公司 2016 年年度权益分派实施公告

单据：

现金股利计算表

项　目	数　值
现有总股数(股)	
每股现金股利(元)	
应发放的现金股利(元)	

【业务 7.5.2】

承接业务 7.5.1，金陵酒店股份有限公司决定采用剩余股利政策进行利润分配。公司 2017 年计划在保持目前资本结构的前提下增加投资 1000 万元，请填写股利计算表(剩余股利政策)。

说明:金陵酒店股份有限公司的法定盈余公积计提比例为10%。

单据:

股利计算表(剩余股利政策)

项 目	金额(元)
2016年净利润	
提取法定盈余公积	
2017年投资方案所需自有资金	
2016年应分配的现金股利	

【业务7.5.3】

承接业务7.5.1,金陵酒店股份有限公司决定发放10%的股票股利。已知公司股票面值为2元,当前股票市价为15元,请填写股票股利计算表。

单据:

股票股利计算表

项 目	发放股票股利前	发放股票股利后
股本(元)		
资本公积(元)		
未分配利润(元)		
股东权益合计(元)		

【业务7.5.4】

承接业务7.5.1,金陵酒店股份有限公司决定按1股换2股的比例进行股票分割。已知公司普通股面值为2元,当前股票市价为15元,请填写股票分割计算表。

单据:

股票分割计算表

项 目	分 割 前	分 割 后
股本(元)		
普通股股数(股)		
资本公积(元)		
未分配利润(元)		
股东权益总计(元)		

项目 8

财务预算与控制

任务 8.1 财务预算概述

【业务 8.1.1】

(单选题)预算的作用不包括(　　)。

A. 通过引导和控制经济活动,使企业经营达到预期目标

B. 可以实现企业内部各个部门之间的协调

C. 可以作为业绩考核的标准

D. 可以将资源分配给获利能力相对较高的相关部门

【业务 8.1.2】

(单选题)根据全面预算体系的分类,下列预算中属于财务预算的是(　　)。

A. 销售预算

B. 现金预算

C. 直接材料预算

D. 直接人工预算

【业务 8.1.3】

(多选题)下列各项中属于业务预算的有(　　)。

A. 销售预算

B. 现金预算

C. 生产预算

D. 销售费用预算

【业务 8.1.4】

金陵钱多多公司销售部门每月发生的管理费用变动不大,请根据背景资料(见图 8-1)编制 4 月的管理费用预算表。

背景资料:

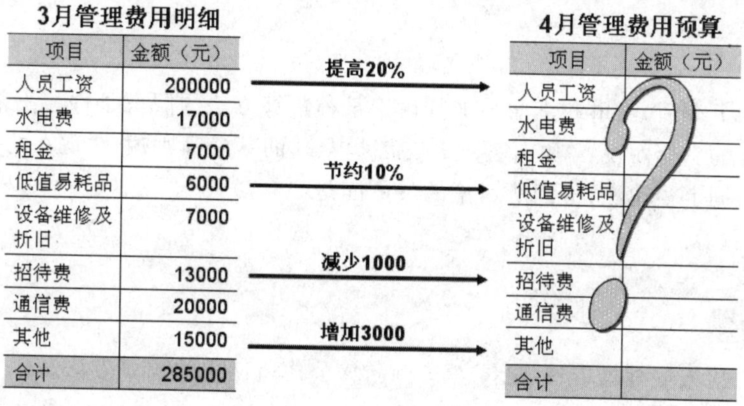

图 8-1　3 月管理费用明细

单据：

4 月管理费用预算表

项　　目	金额(元)
人员工资	
水电费	
租　金	
低值易耗品	
设备维修及折旧	
招待费	
通信费	
其　他	
合　计	

任务 8.2　财务预算的编制方法

【业务 8.2.1】

(单选题)图 8-2 所示的生产成本预算属于(　　)。

背景资料：

成本项目	单位变动成本	40000 个	45000 个	50000 个	55000 个
直接材料	100	4000000	4500000	5000000	5500000
直接人工	50	2000000	2250000	2500000	2750000
变动性制造费用	80	3200000	3600000	4000000	4400000
固定性制造费用		3200000	3200000	3200000	3200000
生产成本合计		12400000	13550000	14700000	15850000

图 8-2　生产成本预算

A. 固定预算　　B. 弹性预算　　C. 成本预算　　D. 决策预算

【业务 8.2.2】

(单选题)下课后,王琳和李丽与老师讨论某种预算方法的假设条件。王琳说:“增加费用预算是值得的。”李丽说:“原有各项开支都是合理的。”老师则说:“现在的业务活动是企业必需的。”根据上述说法,他们所讨论的最可能是(　　)。

A. 增量预算　　B. 零基预算　　C. 固定预算　　D. 定期预算

【业务 8.2.3】

(单选题)请根据背景资料(见图 8-3)判断该公司所使用的预算方法是(　　)。

背景资料:

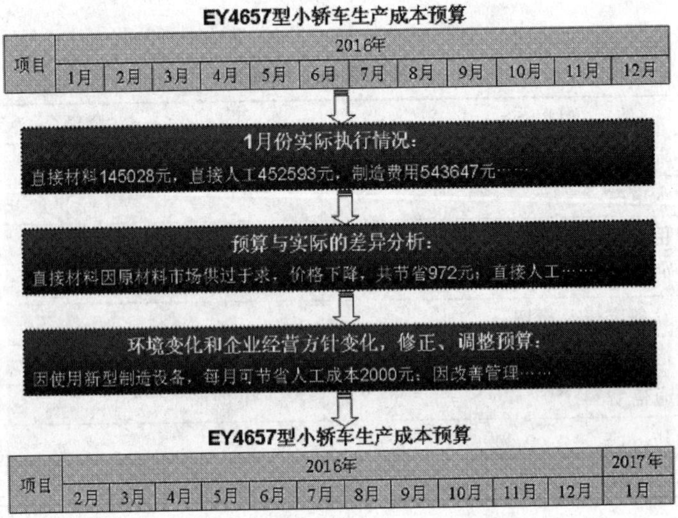

图 8-3　生产成本预算制定流程

A. 定期预算　　B. 滚动预算　　C. 固定预算　　D. 弹性预算

【业务 8.2.4】

(单选题)金陵钱多多公司利用预算考核销售部门业绩。销售部门预计了产品销量,并据此采用固定预算法编制了销售预算,但实际销量与预算销量相差极大,使预算指标失去意义。这说明固定预算法的致命缺点是(　　)。

A. 灵活性差,只能根据唯一的业务量水平来编制

B. 适应性差,没有考虑预算期内实际业务量水平是否发生变动

C. 可比性差,一旦预算量与实际量有较大差异,一切预算指标都不再适用

D. 过于机械呆板

【业务 8.2.5】

(单选题)金陵石料厂有三个生产车间,利用预算对车间绩效进行考核。2017 年 3 月,

三个车间的产量各不相同，实际生产成本见图 8-4。因各车间的生产管理大致相同、生产能力相当，所以生产部只编制了一张弹性预算表（见图 8-5）用于考核三个车间的业绩。这说明弹性预算的优点在于（　　）。

背景资料：

3 月实际生产成本

项　目	第一生产车间	第二生产车间	第三生产车间
业务量(吨)	1800	2000	2200
设备利用率(%)	90	100	110
变动成本(元)	721800	808000	889900
其中：直接材料(元)	432000	480000	528000
直接人工(元)	217800	240000	275000
制造费用(元)	72000	88000	86900
固定成本(元)	788200	812000	790100
总成本(元)	1510000	1620000	1680000

图 8-4　3 月实际生产成本

3月成本弹性预算表

业务量（吨） 项目	1600	1800	2000	2200	2400
设备利用率（%）	80	90	100	110	120
变动成本（元）	640000	720000	800000	880000	960000
其中：直接材料（元）	384000	432000	480000	528000	576000
直接人工（元）	192000	216000	240000	264000	288000
制造费用（元）	64000	72000	80000	88000	96000
固定成本（元）	800000	800000	800000	800000	800000
总成本（元）	1440000	1520000	1600000	1680000	1760000

图 8-5　3 月生产成本弹性预算表

A. 预算范围广：弹性预算能够反映多种业务量水平相对应的不同预算额

B. 可比性强：当预算量与实际量不一致时，可以将实际指标与对应预算指标相对比

C. 连续性好：在时间上能够连续不断地规划未来的经营活动

D. 透明度高：预算与日常管理紧密衔接，可动态把握企业全局

【业务 8.2.6】

李浩学习完增量预算和零基预算后，了解了它们各自的优缺点，请你帮助李浩将下列选项填入增量预算和零基预算优缺点比较表中。

A. 受原有费用项目限制，预算调增容易调减难，使原来不合理的费用开支继续存在下去

B. 以零为出发点，对一切费用一视同仁，有利于企业深思熟虑，面向未来考虑预算问题

C. 以基期数为基准，再考虑有关变动因素，对基期数进行调整，通俗易懂，操作简单

D. 对于那些未来实际需要开支的项目，可能因为没有考虑未来的情况变化而造成预算不足

E. 对各个业务项目重新逐一进行估算，工作量大，编制时间较长，也容易受主观影响

F. 合理有效地分配资源，节约费用开支，提高资金使用效率，调动各部门的积极性

G. 滋长平均主义和简单化，容易鼓励预算编制人员凭主观臆断削减预算或只增不减

单据：

增量预算和零基预算优缺点比较表

比较项目	增量预算	零基预算
优点		
缺点		

【业务 8.2.7】

（单选题）金陵家居装饰有限公司一直以来都是定期编制预算。但随着公司的发展，定期预算的弊端逐渐暴露。李浩列举了定期预算的一些缺点，试图说服高层管理者取消定期预算。以下选项中不属于定期预算缺点的是（　　）。

A. 由于受预算期的限制，管理人员的决策只关注预算期间的活动，不能随时间推移考虑长远战略

B. 由于预算期较长，难以预测未来的某些活动，特别是在预算期的后半段，原有预算往往不能发挥效用

C. 事先预见到的某些活动在预算执行过程中往往会有所变动，而原有预算未能及时调整导致其不再适用

D. 通常在每年年末编制下一年度的预算，不利于考核和评价预算的执行结果

【业务 8.2.8】

（单选题）金陵家居装饰有限公司管理部门的李琳、陈浩和王海正在讨论滚动预算的优势和不足，以决定是否取消定期预算而改用滚动预算。李琳说："滚动预算的连续性好，在时间上不再受日历年度的限制，能够连续不断地从动态预算中把握企业未来的发展趋势。"陈浩说："滚动预算需要逐期收集预算资料，准确、详尽地编制各月预算，工作量繁重。"王海说："滚动预算有助于企业内部各级管理人员始终了解未来一定时间段的生产经营活动，把握近期和远期的战略规划。"他们三人的说法正确的是（　　）。

A. 三人都正确　　B. 李琳正确　　C. 陈浩正确　　D. 王海正确

【业务 8.2.9】

金陵礼品公司主要生产礼品钟，预计 2017 年全年销量可达到 10000 个。请根据背景资料（见图 8-6），运用固定预算法编制 2017 年销售利润预算表。

背景资料：

2016 年 12 月销售收入结构

项　　目	数　　值	结构(%)
销量(个)	900	—
单价(元/个)	268	—
销售收入(元)	241200	100
销售成本(元)	144720	60
销售费用(元)	12060	5
销售利润(元)	84420	35

图 8-6　金陵礼品公司 2016 年 12 月销售收入结构

单据：

2017 年销售利润预算表

项　　目	金额(元)
销售收入(元)	
销售成本(元)	
销售费用(元)	
销售利润(元)	

【业务 8.2.10】

请根据背景资料(见图 8-7 和图 8-8)编制金陵礼品公司玩具熊产品分部 2017 年 5 月的生产成本弹性预算表。

说明：4 月入库产品成本表中没有填写单位变动成本的项目即为固定成本。

背景资料：

入　库　单

2017年　04月　30日　　　　单号 0285019

交来单位及部门	生产部	发票号码或生产单号码	26962546	验收仓库	成品库	入库日期	2017.04.30

编号	名称及规格	单位	数量		实际价格		计划价格		价格差异
			交库	实收	单价	金额	单价	金额	
454	GH3788玩具熊	个	5000	5000	70.00	350,000.00	70.00	350,000.00	0.00
合计			5000	5000		350,000.00		350,000.00	

存根联

部门经理：张丽　　会计：张雯　　仓库：张慧　　经办人：李丽

图 8-7　2017 年 4 月玩具熊入库单

2017年4月入库产品成本表

成本项目	单位变动成本（元/个）	总成本（元）
直接材料	30	150000
直接人工	20	100000
制造费用	—	100000
其中：物料消耗	3	15000
人员工资	4	20000
动力费	3	15000
管理费	—	30000
机器折旧	—	20000
合 计	—	350000

图 8-8　2017 年 4 月入库产品成本表

单据：

2017 年 5 月生产成本弹性预算表

成 本 项 目	单位变动成本(元/个)	3000 个	4000 个	5000 个	6000 个
直接生产成本					
其中：直接材料					
直接人工					
制造费用	—				
其中：变动制造费用					
固定制造费用	—				
总成本	—				

【业务 8.2.11】

承接业务 8.2.10，请根据背景资料（见图 8-9～图 8-12）编制金陵礼品公司玩具熊产品分部 2017 年 5 月的期间费用弹性预算表。

说明：不考虑财务费用，管理费用全部为固定费用。

背景资料：

出　库　单

出货单位：金陵礼品公司　　2016 年 04 月 30 日　　单号：4687355

提货单位或领货部门	销售部	销售单号	26962546		发出仓库	成品库	出库日期	2017.04.30
编号	名称及规格	单位	数量 应发	数量 实发	单价	金额		备注
154	GH3788玩具熊	个	4500	4500	70.00	315,000.00		
	合计		4500	4500		315,000.00		

存根联

部门经理：张丽　　会计：张雯　　仓库：张慧　　经办人：李丽

图 8-9　出库单

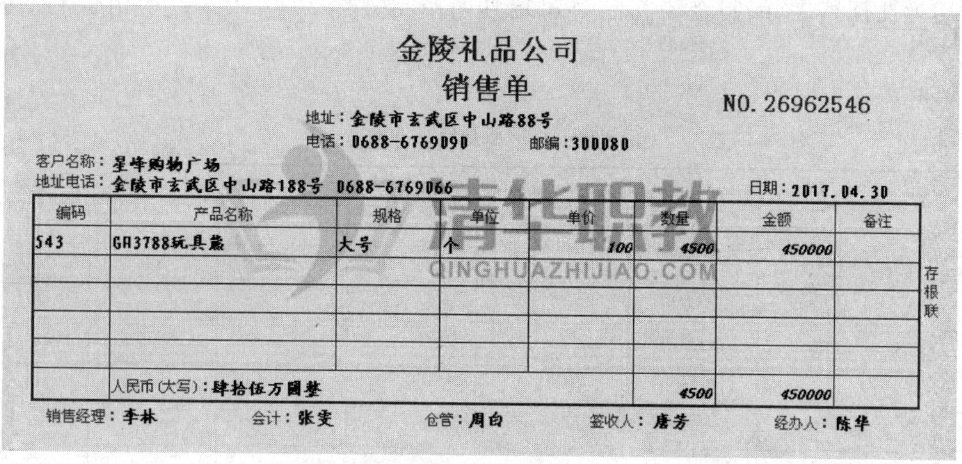

金陵礼品公司

销售单

NO. 26962546

地址：金陵市玄武区中山路88号

电话：0688-67690D0 邮编：300080

客户名称：星峰购物广场

地址电话：金陵市玄武区中山路188号 0688-6769066 日期：2017.04.30

编码	产品名称	规格	单位	单价	数量	金额	备注
543	GH3788玩具熊	大号	个	100	4500	450000	
	人民币(大写)：肆拾伍万圆整				4500	450000	

存根联

销售经理：李林 会计：张雯 仓管：周白 签收人：唐芳 经办人：陈华

图 8-10 销售单

2017 年 4 月销售费用明细表

费用项目	单位销售费用(元/个)	总费用(元)
变动销售费用	8	36000
其中：包装费	2	9000
保险费	2	9000
装卸费	1	4500
运输费	3	13500
固定销售费用	—	15000
其中：广告费	—	10000
展览费	—	5000
合计	—	51000

图 8-11 2017 年 4 月销售费用明细表

2017 年 4 月销售费用明细表

费用项目	金额(元)
人员工资	20000
差旅费	4000
办公费	7000
水电费	3000
低值易耗品	4000
折旧费	10000
修理费	5000
合计	53000

图 8-12 2017 年 4 月管理费用明细表

单据：

2017 年 5 月期间费用弹性预算表

费用项目	单位期间费用(元/个)	3000 个	4000 个	5000 个	6000 个
销售费用	—				
其中：变动销售费用					
固定销售费用	—				
管理费用	—				
合计	—				

【业务 8.2.12】

承接业务 8.2.10 和业务 8.2.11，请根据已经编制好的生产成本弹性预算表和期间费用弹性预算表，编制金陵礼品公司玩具熊产品分部 2017 年 5 月的销售利润弹性预算表。

单据：

2017 年 5 月销售利润弹性预算表

项　目	单位金额(元/个)	3000 个	4000 个	5000 个	6000 个
销售收入					
减：直接生产成本					
变动制造费用					
变动销售费用					
边际贡献					
减：固定制造费用	—				
固定销售费用	—				
管理费用	—				
销售利润	—				

【业务 8.2.13】

金陵钱多多公司采用零基预算法编制 2017 年的管理费用预算。行政部门首先提出 2017 年的管理费用计划(见图 8-13)。预算审核小组对该计划进行分析，确定了各个费用项目的性质和优先级别(见图 8-14)。假定行政部门 2017 年批准的可使用资金为 200000 元，请编制管理费用零基预算表。

说明：预算落实比例＝预算落实数÷费用计划×100％。

背景资料：

管理费用计划表

费用项目	金额(元)
房屋租金	80000
水电费	8000
办公费用	50000
培训费用	40000
差旅费	70000
其他费用	5000
合　计	253000

图 8-13　管理费用计划

费用性质和优先级别

费用项目	费用性质	优先级别
房屋租金	不可避免项目	一级(100％满足)
水电费	不可避免项目	一级(100％满足)
办公费用	可避免项目	二级(80％满足)
培训费用	可延缓项目	三级(视情况满足)
差旅费	可避免项目	二级(80％满足)
其他费用	可避免项目	二级(80％满足)

图 8-14　费用性质和优先级别

单据：

管理费用零基预算表

费用项目	优先级别	费用计划(元)	预算落实比例(％)	预算落实数(元)
房屋租金				
水电费				

续表

费用项目	优先级别	费用计划(元)	预算落实比例(%)	预算落实数(元)
办公费用				
差旅费				
其他费用				
培训费用				
合　计	—		—	

【业务 8.2.14】

2017 年年初，金陵家具公司根据红木家具需求预测报告(见图 8-15)按季度编制了 2017 年的销售利润预算表(见图 8-16)。2017 年 4 月初，经过第一季度的经营，公司认真分析了预算与实际情况的差异，编制了预算差异分析报告(见图 8-17 和图 8-18)，对接下来四个季度的销售量进行了重新预测(见图 8-19)，请据此编制销售利润滚动预算表。

背景资料：

红木家具需求预测报告

本公司的成套红木桌椅采用高档紫檀木制作而成，主要采用了中国家具制造的雕刻、榫卯、镶嵌、曲线等传统工艺。其外观形体简朴对称，结构考究，工艺精湛，造型与木材的纹理、质地相配，恰到好处，和谐委婉，相映成辉，既具隽永的古典美，更有经久耐用之功效，因此深受顾客欢迎。

一、产销情况

从2016年年初开始，红木家具行情一直持续高走，短短半年中，价格普遍上涨30%以上，而红木中的贵族如紫檀、黄花梨更是在短期内实现了价格翻番。2016年，一套高档红木桌椅的价格为5.2万~5.7万元，而在2015年还是3.8万~4.1万元，预计2017年可达到一套7万元。

本公司成套红木桌椅自2014年正式投产以来，产量不断上升。为进一步满足市场需要，本公司积极扩大生产规模，2016年全年产量3094套，较2015年增加30%。根据本公司现有生产能力，红木桌椅产量仍有提升空间。

二、销量预测

红木家具价格每年都有一定幅度的上涨，最近两年表现尤为明显，特别是珍稀木材(如紫檀木)制成的家具。随着红木材料的逐年减少，缺货现象严重，加之市场需求量的相对集中增加，我们预计红木家具价格还将继续上涨。

由于本公司拥有比较稳定的优质木材来源，在成本上比其他竞争对手占有优势，所以今年将继续扩大生产，以满足市场需要，从而提高经营业绩。根据市场需求规律和2015年、2016年的销售情况，我们预计2017年成套红木桌椅每季度的销量可比前一季度增长10%。具体而言，2016年第四季度的销量为914套，我们预计今年第一季度的销量可上升到1000套。

金陵家具公司销售部

2017年1月7日

图 8-15　红木家具需求预测报告

2017 年销售利润预算表

项　目	第一季度	第二季度	第三季度	第四季度	全年合计
预计销售量(套)	1000	1100	1210	1331	4641
销售单价(元/套)	70000	70000	70000	70000	—
预计销售收入(元)	70000000	77000000	84700000	93170000	324870000
减：销售成本(元)	50000000	55000000	60500000	66550000	232050000
销售费用(元)	7000000	7700000	8470000	9317000	32487000
管理费用(元)	10000000	10000000	10000000	10000000	40000000
销售利润(元)	3000000	4300000	5730000	7303000	20333000

图 8-16　2017 年销售利润预算表

2017 年第一季度销售利润预算与实际业绩比较表

项　目	第一季度预算	第一季度实际	差　异
销售量(套)	1000	1100	100
生产成本(元/套)	50000	50000	0
销售单价(元/套)	70000	72000	2000
销售收入(元)	70000000	79200000	9200000
减：销售成本(元)	50000000	55000000	5000000
销售费用(元)	7000000	7920000	920000
管理费用(元)	10000000	10500000	500000
销售利润(元)	3000000	5780000	2780000

图 8-17　预算与实际业绩比较

预算差异分析报告

1.随着人们对红木家具的了解，红木家具以其质地优良、经久耐用以及漂亮的纹理、深沉的色彩、潜在的升值空间吸引了众多购买者。继2016年购买热潮后，2017年的红木家具市场再接再厉，掀起了又一番高潮。仅春节期间，本公司红木家具就比去年多售出200多套，导致第一季度销量比预算多了100套。

2.一方面，随着生活条件和住房条件的改善，以及人们的审美观念和消费观念的提高，引发了红木家具收藏热；另一方面，红木原料一般都从东南亚、非洲、南美洲进口，但海啸频发影响了木料供应。原材料缺乏、市场需求上升的合力促成了红木家具价格的持续上涨。本公司第一季度红木家具的价格上升至每套7.2万元，比预算高出了2000元。

3.由于本公司极具远见地与红木供应商签订了长期供销合同，保证了本年的原料供应。相比竞争对手，本公司原料价格与预算一致，保持在5万元/套，并没有随红木家具热销而增加。

4.本公司严格执行财务预算，要求各部门合理安排各项费用支出，在保证正常业务的前提下，努力减少不必要的开支。在这一制度约束下，销售部门进一步清理、精简各项费用开支，将销售费用率维持在10%。

5.由于销售量增加，销售部门为解决人手不足问题，新招募了数名员工，并适当添加了新的办公设备，扩张了部门规模，通信费、培训费、差旅费都有一定程度增加，使固定费用总额（管理费用）增加到1050万元。

金陵家具公司销售部
2017年4月7日

图 8-18　预算差异分析报告

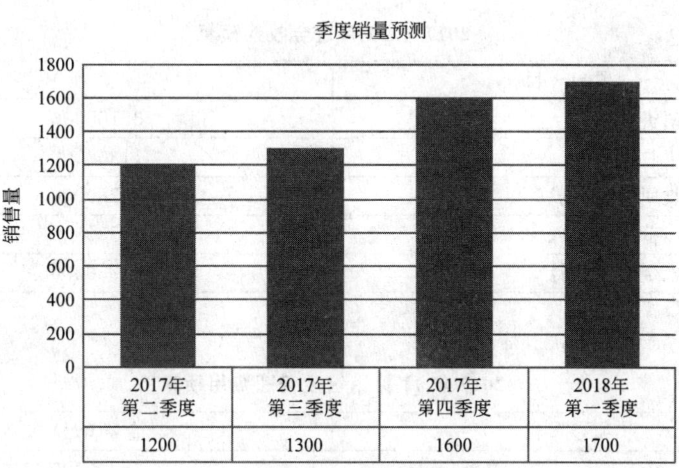

图 8-19　季度销售预测

单据：

销售利润滚动预算表

项　目	2017 年第二季度	2017 年第三季度	2017 年第四季度	2018 年第一季度
预计销售量(套)				
生产成本(元/套)				
销售单价(元/套)				
预计销售收入(元)				
减：销售成本(元)				
销售费用(元)				
管理费用(元)				
销售利润(元)				

任务 8.3　现金预算的编制

【业务 8.3.1】

金陵汽车制造公司规定的现金最低存量为 100 万元，2017 年 11 月初现金余额为 117 万元。请根据背景资料(见图 8-20～图 8-23)，使用现金收支法编制销售部门 2017 年 11 月的现金预算。

背景资料：

2017 年 11 月销售预算

项　目	数　值
预计销售数量(辆)	200
预计销售单价(元/辆)	150000
预计销售收入(元)	30000000
增值税销项税额(元)	5100000
含税销售收入(元)	35100000

图 8-20　2017 年 11 月销售预算

2017 年 11 月现金收入预算

项　　目	金额(元)
含税销售收入	35100000
月初应收账款	11300000
本月收回应收账款	6780000
本月经营现金收入	17550000
经营现金收入合计	24330000

图 8-21　2017 年 11 月现金收入预算

2017 年 11 月销售及管理费用预算

项　　目	金额(元)
人员工资	13700000
广告费	5740000
业务招待费	2460000
差旅费	528000
办公费	2800000
低值易耗品	930000
折旧	2980000
其他费用	242000
合　计	29380000

图 8-22　2017 年 11 月销售及管理费用预算

2017 年 11 月现金支出预算

项　　目	金额(元)
预计销售及管理费用	29380000
减：折旧	2980000
领用低值易耗品	930000
其他未支付费用	20000
经营现金流出合计	25450000

图 8-23　2017 年 4 月现金支出预算

单据：

2017 年 11 月现金预算

项　　目	金额(元)
预计本期现金收入	
减：预计本期现金支出	
预计本期现金净收入(或净支出)	
加：期初现金余额	
本期现金余额	
减：现金最低存量	
本期现金溢余(或短缺)	

【业务 8.3.2】

凌飞汽车制造公司规定的现金最低存量为 50 万元，2017 年 11 月初现金余额为 64 万元。请根据背景资料(见图 8-24 和图 8-25)，使用调整净收益法填制 2017 年 11 月的现金预算表。

说明：现金调整增加项是指应调增税前利润的项目，现金调整减少项是指应调减税前利润的项目。

背景资料：

2017 年 11 月预计利润表

项　　目	金额(万元)
销售收入	3000
减：变动成本	2000
其中：变动生产成本	1800
变动销售及管理费用	200
贡献毛益总额	1000
减：固定成本	780
其中：固定制造费用	280
固定销售及管理费用	500
息税前利润	220
减：利息费用	60
税前利润	160
减：所得税	40
税后净利润	120

图 8-24　预计利润表

现金调整事项及金额

现金调整增加项	金额(万元)	现金调整增加项	金额(万元)
固定资产折旧	43	赊销货款	51
无形资产摊销	17	支付上年所得税欠款	14
收回应收账款	35	偿还到期借款	100
合　计	95	合　计	165

图 8-25　现金调整事项及金额

单据：

2017 年 11 月现金预算

项　　目	金额(万元)
税前利润	
加：现金调整增加额	
减：现金调整减少额	
调整后的税前利润	
加：期初现金余额	

续表

项　　目	金额(万元)
本期现金余额	
减：现金最低存量	
本期现金溢余(或短缺)	

【业务 8.3.3】

金陵建材有限公司规定的现金最低存量为300万元，请根据背景资料(见图8-26)，运用预计资产负债表法编制2017年的现金预算。

背景资料：

2017年度预计资产负债表

单位：元

项目	年初数	期末数
货币资金	3200000	?
应收账款	5000000	11700000
存货	990000	1368000
流动资产合计	9190000	?
固定资产净值	16100000	21000000
无形资产	9000000	9000000
非流动资产合计	25100000	30000000
资产总计	34290000	?
应付账款	1000000	2340000
应付职工薪酬	100000	419200
流动负债合计	1100000	2759200
长期借款	9000000	14700000
非流动负债合计	9000000	14700000
负债合计	10100000	17459200
实收资本	20000000	20000000
未分配利润	4190000	8711700
所有者权益合计	24190000	28711700
负债及所有者权益合计	34290000	46170900

图 8-26　预计资产负债表

单据：

2017 年现金预算

项　　目	金额(元)
负债和所有者权益合计	
减：除现金以外的资产	

续表

项　目	金额(元)
预计本期现金余额	
减：最低现金存量	
本期现金溢余(或短缺)	

【业务 8.3.4】

金陵食品有限公司是一家专业生产巧克力礼盒的企业。该公司生产的巧克力礼盒含税销售价格为128元/盒。公司销售收入的50%于当季收回，另外50%于下季收回。公司2017年年初应收账款总额为1567800元，于第一季度全部收回。请根据背景资料(见图8-27)编制2017年巧克力礼盒经营现金收入预算。

背景资料：

2017年巧克力礼盒销量预测　　单位：盒

项　目	第一季度	第二季度	第三季度	第四季度	全　年
预计销售量	50000	30000	30000	50000	160000

图8-27　2017年巧克力礼盒销量预测

单据：

2017年巧克力礼盒经营现金收入预算

项　目	第一季度	第二季度	第三季度	第四季度	全　年
预计销售量(盒)					
销售单价(元)					
预计销售金额(元)					
期初应收账款(元)		—	—	—	
第一季度销售收入(元)			—	—	
第二季度销售收入(元)	—			—	
第三季度销售收入(元)	—	—			
第四季度销售收入(元)	—	—	—		
现金收入合计(元)					

【业务 8.3.5】

承接业务8.3.4，根据以往经验，金陵食品有限公司巧克力礼盒每季度末必须预留下季度销售量的10%，才能满足下季度的销售需要。请根据背景资料(见图8-28)编制2017年巧克力礼盒生产预算。

背景资料：

2017 年巧克力礼盒存货量

品　种	年初存货量(盒)	年末存货量(盒)	期末存货量占下期销量百分比(%)
巧克力礼盒	2000	6000	10

图 8-28　2017 年巧克力礼盒存货量

单据：

2017 年巧克力礼盒生产预算　　单位：盒

项　目	第一季度	第二季度	第三季度	第四季度	全　年
预计销售需要量					
加：预计期末存货量					
预计需要量合计					
减：期初存货量					
预计生产量					

【业务 8.3.6】

承接业务 8.3.5，根据以往生产经验，巧克力原材料库每季度末都必须预留下季度生产耗用量的 10%，才能满足下季度的生产需要。可可豆的计划单价为 20 元/千克。可可豆采购款的 60%于当季支付，40%于下季支付。公司 2017 年年初应付账款为 284000 元，于第一季度全部支付。请根据背景资料(见图 8-29)编制金陵食品有限公司 2017 年直接材料(可可豆)的采购预算。

背景资料：

2017 年材料存货量

材料名称	年初存料量(千克)	年末存料量(千克)	期末存料量占下期生产量百分比(%)
可可豆	1000	2200	10

图 8-29　2017 年度材料存货量

单据：

2017 年可可豆采购预算

项　目	第一季度	第二季度	第三季度	第四季度	全　年
预计生产量(盒)					
单位产品材料消耗定额(千克/盒)					
预计生产需要量(千克)					
加：期末存料量(千克)					
预计需要量合计(千克)					
减：期初存料量(千克)					
预计购料量(千克)					
材料计划单价(元/千克)					
预计购料金额(元)					

续表

项　　目	第一季度	第二季度	第三季度	第四季度	全　年
期初应付账款(元)		—	—	—	
第一季度购料支出(元)			—	—	
第二季度购料支出(元)	—			—	
第三季度购料支出(元)	—	—			
第四季度购料支出(元)	—	—	—		
现金支出合计(元)					

【业务 8.3.7】

承接业务 8.3.5，金陵食品有限公司巧克力生产车间只有一个工种，该工种每小时工资为 4 元，生产一盒巧克力礼盒的直接人工为 3 小时。请据此编制 2017 年巧克力生产车间直接人工预算。

单据：

2017 年巧克力生产车间直接人工预算

项　　目	第一季度	第二季度	第三季度	第四季度	全　年
预计生产量(盒)					
单位产品工时定额(小时/盒)					
直接人工小时总数(小时)					
单位工时的工资率(元/小时)					
预计直接人工成本总额					

【业务 8.3.8】

承接业务 8.3.5，根据生产车间的预测，金陵食品有限公司 2017 年巧克力礼盒的每月固定制造费用与 2016 年 12 月持平，变动制造费用随产量变动而变动。请根据背景资料(见图 8-30)编制 2017 年巧克力礼盒制造费用预算。

背景资料：

2016 年 12 月巧克力礼盒制造费用明细表

项　　目	单位变动制造费用(元/盒)	总费用(元)
变动制造费用总额	5	50000
其中：间接材料	1	10000
间接人工	2	20000
其他变动费用	2	20000
固定制造费用总额	—	50000
其中：折旧费	—	13000
管理人员工资	—	34000
其他制造费用	—	3000
制造费用合计	—	100000

图 8-30　2016 年 12 月巧克力制造费用明细表

单据：

2017 年巧克力礼盒制造费用预算

项　目	第一季度	第二季度	第三季度	第四季度	全　年
预计生产量(盒)					
单位变动制造费用(元/盒)					
变动制造费用总额(元)					
其中：间接材料					
间接人工					
其他变动费用					
固定制造费用总额(元)					
其中：折旧费					
管理人员工资					
其他固定费用					
制造费用合计					
减：折旧费					
制造费用支出合计					

【业务 8.3.9】

金陵糖果有限公司是一家专业生产罐装糖果的企业。请根据背景资料(见图 8-31～图 8-36)，采用完全成本法编制 2017 年罐装糖果生产成本预算。

背景资料：

2017 年罐装糖果生产预算

单位：罐

项　目	第一季度	第二季度	第三季度	第四季度	全　年
预计销售量	50000	29000	31000	49000	159000
加：预计期末存货量	1000	2000	1000	2000	2000
预计需要量合计	51000	31000	32000	51000	161000
减：期初存货量	1000	1000	2000	1000	1000
预计生产量	50000	30000	30000	50000	160000

图 8-31　2017 年罐装糖果生产预算

2017 年罐装糖果直接材料预算

项　目	第一季度	第二季度	第三季度	第四季度	全　年
预计生产量(罐)	50000	30000	30000	50000	160000
单位产品材料消耗定额(千克/罐)	0.5	0.5	0.5	0.5	0.5
直接材料耗用量(千克)	25000	15000	15000	25000	80000
材料单价(元/千克)	20	20	20	20	20
直接材料成本(元)	500000	300000	300000	500000	1600000

图 8-32　2017 年罐装糖果直接材料预算

2017年罐装糖果直接人工预算

项　　目	第一季度	第二季度	第三季度	第四季度	全　年
预计生产量(罐)	50000	30000	30000	50000	160000
单位产品工时(小时/罐)	3	3	3	3	3
直接人工总工时(千克)	150000	90000	90000	150000	480000
单位工时的工资率(元/千克)	5	5	5	5	5
直接人工成本(元)	750000	450000	450000	750000	2400000

图 8-33　2017年罐装糖果直接人工预算

2017年罐装糖果制造费用预算　　单位：元

项　　目	第一季度	第二季度	第三季度	第四季度	全　年
变动制造费用总额	250000	150000	150000	250000	8000000
其中：间接材料	100000	60000	60000	100000	320000
间接人工	100000	60000	60000	100000	320000
其他变动制造费用	50000	30000	30000	50000	160000
固定制造费用总额	50000	50000	50000	50000	200000
其中：折旧费	15000	15000	15000	15000	60000
管理人员工资	33000	33000	33000	33000	132000
其他固定费用	2000	2000	2000	2000	8000
制造费用合计	300000	200000	200000	300000	1000000

图 8-34　2017年罐装糖果制造费用预算

2017年年初库存商品生产成本汇总表

项　　目	单位成本(元/罐)	总成本(1000罐)
直接材料	10	10000
直接人工	15	15000
制造费用	6.5	6500
合　计	31.5	31500

图 8-35　2017年年初库存商品生产成本汇总表

2017年年初库存商品制造费用明细表

项　　目	单位变动制造费用(元/罐)	总费用(1000罐)
变动制造费用总额	5	5000
其中：间接材料	1	1000
间接人工	2	2000
其他变动费用	2	2000
固定制造费用总额	—	1500
其中：折旧费	—	300
管理人员工资	—	900
其他固定费用	—	300
制造费用合计	—	6500

图 8-36　2017年年初库存商品制造费用明细表

单据：

2017 年罐装糖果生产成本预算 单位：元

项　目	单位成本	生产成本（160000 罐）	期末存货成本（2000 罐）	销货成本（159000 罐）
直接材料				
直接人工				
变动制造费用				
固定制造费用				
合　计				

【业务 8.3.10】

承接业务 8.3.9，根据金陵糖果有限公司销售部的预测，公司 2017 年每季度的固定销售费用与 2016 年第四季度相同，变动销售费用随销量变动而变动。请根据背景资料（见图 8-37）编制 2017 年罐装糖果销售费用预算。

背景资料：

2016 年第四季度罐装糖果销售费用明细表

项　目	单位销售费用（元/罐）	总费用（元）
变动销售费用	8	360000
其中：销售佣金	3	135000
运费	2	90000
包装费	1	45000
促销费	2	90000
固定销售费用	—	190000
其中：人员工资	—	120000
折旧费	—	70000
销售费用合计	—	550000

图 8-37　2016 年第四季度罐装糖果销售费用明细表

单据：

2017 年罐装糖果销售费用预算 单位：元

项　目	单位销售费用	第一季度	第二季度	第三季度	第四季度	全　年
变动销售费用总额						
其中：销售佣金						
运费						
包装费						
促销费						
固定销售费用总额	—					
其中：人员工资	—					
折旧费	—					
销售费用合计	—					

【业务 8.3.11】

请根据背景资料(见图 8-38～图 8-40)编制金陵钱多多公司 2017 年管理费用预算。

背景资料：

2016 年管理费用明细表　　单位：元

项　　目	第一季度	第二季度	第三季度	第四季度	全　年
人员工资	200000	200000	220000	220000	840000
差旅费	40000	28000	32000	44000	144000
办公费	70000	49000	56000	77000	252000
水电费	30000	35000	35000	30000	130000
低值易耗品	40000	35000	35000	40000	150000
折旧费	100000	100000	100000	100000	400000
修理费	50000	55000	55000	50000	210000
无形资产摊销	70000	70000	70000	70000	280000
合　计	600000	572000	603000	631000	2406000

图 8-38　2016 年管理费用预算明细

2017 年季度销售量预测　　单位：台

项　　目	第一季度	第二季度	第三季度	第四季度	全　年
预计销售量	52000	40000	40000	56000	188000

图 8-39　2017 年季度销售量预测

2017预算编制说明

1.从2016年下半年开始，因公司效益较好，人员工资提高到每季度22万元，预计2017年将继续保持这一水平。

2.差旅费和办公费与销售量之间存在线性关系，差旅费为季度销量的1倍，办公费为季度销量的1.75倍。

3.夏秋两季天气炎热，水电耗用量增大，因此水电费比其他季节略高。公司每年水电耗用量变动不大，但由于2017年年初水电费提价，预计每季度费用会比2016年增加20%。

4.夏秋两季天气炎热，办公设备容易出现故障，修理费支出也会高于其他季节，预计2017年各季度的修理费与2016年相同。

5.夏秋两季为公司销售淡季，业务量相对较少，因此领用低值易耗品也较少。由于2017年每季度销量高于去年同期，预计2017年各季度耗用的低值易耗品会比2016年增加20%。

6.折旧费和无形资产摊销是季度固定费用，每季度保持不变。

7.2017年第四季度由于距离现在时间尚久，无法做出准确预测，因此水电费、修理费、低值易耗品暂定与第一季度相同，视具体情况再做调整。

图 8-40　2017 年预算编制说明

单据：

2017 年管理费用预算　　单位：元

项　　目	第一季度	第二季度	第三季度	第四季度	全　　年
人员工资					
差旅费					

续表

项　　目	第一季度	第二季度	第三季度	第四季度	全　　年
办公费					
水电费					
低值易耗品					
折旧费					
修理费					
无形资产摊销					
合　计					

任务 8.4　预计财务报表的编制

【业务 8.4.1】

请根据背景资料(见图 8-41～图 8-44),采用变动成本法编制金陵制衣厂 2017 年的预计利润表。

说明:金陵制衣厂的所得税税率为 20%。

背景资料:

2017年销售预算

项 目	第一季度	第二季度	第三季度	第四季度	全 年
预计销售数量(件)	10000	15000	20000	18000	63000
销售单价(元/件)	200	200	200	200	200
预计销售金额(元)	2000000	3000000	4000000	3600000	12600000
期初应收账款(元)	620000	—	—	—	620000
第一季度销售收入(元)	1200000	800000	—	—	2000000
第二季度销售收入(元)	—	1800000	1200000	—	3000000
第三季度销售收入(元)	—	—	2400000	1600000	4000000
第四季度销售收入(元)	—	—	—	2160000	2160000
经营现金收入合计(元)	1820000	2600000	3600000	3760000	11780000

图 8-41　2017 年销售预算

2017 年产品成本预算

项　　目	单位成本			生产成本 (64000 件)	期末存货成本 (2000 件)	销货成本 (63000 件)
	单　价	用　量	成　本			
直接材料	100 元/公斤	0.2 公斤/件	20 元/件	1280000	4000	1260000
直接人工	4 元/小时	10 小时/件	40 元/件	2560000	8000	2520000
变动制造费用	—	—	10 元/件	640000	2000	630000
固定制造费用	—	—	—	1200000	37500	1179000
合　计	—	—	—	5680000	177500	5589000

图 8-42　2017 年产品成本预算

2017 年销售及管理费用预算表

项　　目	第一季度	第二季度	第三季度	第四季度	全　年
预计销售量(件)	10000	15000	20000	18000	63000
单位变动销售及管理费用(元)	20	20	20	20	20
预计变动销售及管理费用(元)	200000	300000	400000	360000	1260000
预计固定销售及管理费用(元)	330000	380000	350000	380000	1440000
其中：人员工资	250000	250000	250000	250000	1000000
广告费	45000	45000	45000	45000	180000
保险费	0	4000	0	4000	8000
折旧费	15000	15000	15000	15000	60000
其他	2000	3000	4000	3000	120000
销售及管理费用合计(元)	530000	680000	750000	740000	2700000
减：折旧费	15000	15000	15000	15000	60000
现金支出合计(元)	515000	665000	735000	725000	2640000

图 8-43　2017 年销售及管理费用预算

2017年利息费用预算

项 目	第一季度	第二季度	第三季度	第四季度	全 年
期初借款余额（元）	6000000	6800000	6600000	8400000	6000000
年利率（%）	5.4	5.4	5.4	5.4	5.4
本期期初借款（元）	800000	0	1800000	0	2600000
本期期末还款（元）	0	200000	0	300000	500000
本期利息费用（元）	91800	91800	113400	113400	410400
期末借款余额（元）	6800000	6600000	8400000	8100000	8100000

图 8-44　2017 年利息费用预算

单据：

2017 年预计利润表

单位：元

项　　目	金　　额
销售收入	
减：变动成本	
其中：变动生产成本	
变动销售及管理费用	
贡献毛益总额	
减：固定成本	
其中：固定制造费用	
固定销售及管理费用	
息税前利润	
减：利息费用	
税前利润	
减：所得税	
净利润	

【业务 8.4.2】

承接业务 8.4.1,请根据背景资料(见图 8-41～图 8-52)和业务 8.4.1 中编制的预计利润表,编制金陵制衣厂 2017 年的预计资产负债表。

说明：①不考虑所得税外的其他税费；②公司借款都是长期借款；③2017 年股本和长期股权投资与 2016 年相比都没有发生变化；④2017 年将 30000 元的持有至到期投资重新划分为交易性金融资产。

背景资料：

资产负债表

会企01表

编制单位：金陵制衣厂　　2016年 12月 31日　　单位：元

资 产	期末余额	年初余额	负债和所有者权益(或股东权益)	期末余额	年初余额
流动资产:			流动负债:		
货币资金	700000	(略)	短期借款		(略)
交易性金融资产			交易性金融负债		
应收票据			应付票据		
应收账款	620000		应付账款	142500	
预付账款			预收账款		
应收利息			应付职工薪酬		
应收股利			应交税费		
其他应收款			应付利息		
存货	116500		应付股利	1000000	
一年内到期的非流动资产			其他应付款		
其他流动资产			一年内到期的非流动负债		
流动资产合计	1436500		其他流动负债		
非流动资产：			流动负债合计	1142500	
可供出售金融资产			非流动负债：		
持有至到期投资	230000		长期借款	6000000	
长期应收款			应付债券		
长期股权投资	8000000		长期应付款		
投资性房地产			专项应付款		
固定资产原价	12000000		预计负债		
减：累计折旧	4000000		递延所得税负债		
固定资产净值	8000000		其他非流动负债		
在建工程			非流动负债合计		
工程物资			负债合计	7142500	
固定资产清理			所有者权益(或股东权益)：		
无形资产			实收资本(或股本)	5000000	
开发支出			资本公积		
商誉			减：库存股		
长期待摊费用			盈余公积	2000000	
递延所得税资产			未分配利润	3524000	
其他非流动资产			所有者权益(或股东权益)合计	10524000	
非流动资产合计	16230000				
资产总计	17666500		负债和所有者权益(或股东权益)合计	17666500	

单位负责人　　会计主管　　复核　　制表

图 8-45　资产负债表(2016 年 12 月 31 日)

2017 年采购预算

项　目	第一季度	第二季度	第三季度	第四季度	全　年
预计生产量(件)	10500	15500	19800	18200	64000
单位产品材料消耗定额(千克/件)	0.2	0.2	0.2	0.2	0.2
预计生产需要量(千克)	2100	3100	3960	3640	12800
加：期末存料量(千克)	310	396	364	400	13200
预计需要量合计(千克)	2410	3496	4324	4040	13200
减：期初存料量(千克)	300	310	396	364	300
预计购料量(千克)	2110	3186	3928	3676	12900
材料计划单价(元/千克)	100	100	100	100	100
预计购料金额(元)	211000	318600	392800	367600	1290000
期初应付账款(元)	142500	—	—	—	142500
第一季度购料支出(元)	105500	105500	—	—	211000
第二季度购料支出(元)	—	159300	159300	—	318600
第三季度购料支出(元)	—	—	196400	196400	392800
第四季度购料支出(元)	—	—	—	183800	183800
现金支出合计(元)	248000	264800	355700	380200	1248700

图 8-46　2017 年采购预算

2017 年制造费用预算

项　目	第一季度	第二季度	第三季度	第四季度	全　年
预计生产量(件)	10500	15500	19800	18200	64000
单位变动制造费用(元/件)	10	10	10	10	10
变动制造费用总额(元)	105000	155000	198000	182000	640000
其中：间接材料(元)	21000	31000	39800	36400	128000
间接人工(元)	42000	62000	79200	72800	256000
其他变动费用(元)	42000	62000	79200	72800	256000
固定制造费用总额(元)	272500	287500	321000	319000	120000
其中：折旧费(元)	50000	50000	75000	75000	250000
管理人员工资(元)	175000	175000	175000	175000	700000
其他固定费用(元)	47500	62500	71000	69000	250000
制造费用合计(元)	377500	442500	519000	501000	1840000
减：折旧费(元)	50000	50000	75000	75000	250000
现金支出合计(元)	327500	392500	444000	426000	1590000

图 8-47　制造费用预算

2017 年专门决策预算(借贷款预算)

单位：元

专门业务名称	第一季度	第二季度	第三季度	第四季度	合　计
筹集资金	800000	0	1800000	0	2600000
归还借款	0	200000	0	300000	500000

图 8-48　2017 年专门决策预算(借贷款预算)

2017 年专门决策预算（资本性支出预算）

单位：元

专门业务名称	第一季度	第二季度	第三季度	第四季度	合　计
购买生产设备	0	0	3000000	0	3000000
购买办公设备	0	0	0	800000	800000
合　计	0	0	3000000	800000	3800000

图 8-49　2017 年专门决策预算（资本性支出预算）

2017 年专门决策预算（股利和所得税预算）

单位：元

专门业务名称	支付对象	第一季度	第二季度	第三季度	第四季度	合　计
预缴所得税	税务局	0	300000	0	300000	600000
支付股利	股　东	1000000				1000000

图 8-50　2017 年专门决策预算（股利和所得税预算）

2017 年现金预算

单位：元

项　　目	第一季度	第二季度	第三季度	第四季度	全　年
期初现金余额	700000	717700	783600	743500	700000
加：现金收入	—	—	—	—	—
应收账款收回及销售收入	1820000	2600000	3600000	3760000	11780000
可动用现金合计	2520000	3317700	4383600	4503500	12480000
减：现金支出	—	—	—	—	—
采购直接材料	248000	264800	355700	380200	1248700
支付直接人工	420000	620000	792000	728000	2560000
制造费用	327500	392500	444000	426000	1590000
销售及管理费用	515000	665000	735000	725000	2640000
购置固定资产	0	0	3000000	800000	3800000
支付所得税	0	300000	0	300000	600000
支付股利	1000000	0	0	0	1000000
现金支付合计	2510500	2242300	5326700	3359200	13438700
现金结余（或不足）	9500	1075400	−943100	1144300	−958700
融资：	—	—	—	—	—
期初向银行借款	800000	0	1800000	0	2600000
期末归还借款	0	200000	0	300000	500000
支付利息	91800	91800	113400	113400	410400
融资合计	708200	−291800	1686600	−413400	1689600
期末现金余额	717700	783600	743500	730900	730900

图 8-51　2017 年现金预算

2017年预计利润分配表

单位：元

项 目	金 额
年初未分配利润	3524000
加：本年预计净利润	3120480
可供分配的利润	6644480
减：提取法定盈余公积	312048
提取公益金	156024
提取任意盈余公积	156024
可供投资者分配的利润	6020384
减：向投资者分配股利	1200000
年末未分配利润	4820384

图 8-52 2017年预计利润分配表

单据：

2017 年预计资产负债表

单位：元

资 产	期初数	期末数	负债和所有者权益	期初数	期末数
货币资金	700000		应付账款	142500	
应收账款	620000		应付股利	1000000	
存货	116500		应交税费	0	
交易性金融资产	0		长期借款	6000000	
持有至到期投资	230000		负债合计	7142500	
固定资产	12000000		实收资本(或股本)	5000000	
减：累计折旧	4000000		盈余公积	2000000	
固定资产净值	8000000		未分配利润	3524000	
长期股权投资	8000000		所有者权益合计	10524000	
资产合计	17666500		负债和所有者权益合计	17666500	

【业务 8.4.3】

承接业务 8.4.1 和业务 8.4.2，请根据金陵制衣厂 2017 年的现金预算(见图 8-50)，编制 2017 年的预计现金流量表。

说明：①除购买固定资产外没有其他投资活动；②除向银行借款外没有其他筹资活动；③不考虑所得税外的其他税费；④公司没有发生过外币业务；⑤无金额的请填 0。

单据：

2017 年预计现金流量表

单位：元

项 目	金 额
一、经营活动产生的现金流量：	
销售商品、提供劳务收到的现金	
收到的税费返还	

续表

项　　目	金　　额
收到其他与经营活动有关的现金	
经营活动现金流入小计	
购买商品、接受劳务支付的现金	
支付给职工以及为职工支付的现金	
支付的各项税费	
支付的其他与经营活动有关的现金	
经营活动现金流出小计	
经营活动产生的现金流量净额	
二、投资活动产生的现金流量：	
收回投资所收到的现金	
取得投资收益所收到的现金	
处置固定资产、无形资产和其他长期资产所收到的现金净额	
处置子公司及其他营业单位收到的现金净额	
收到的其他与投资活动有关的现金	
投资活动现金流入小计	
购建固定资产、无形资产和其他长期资产所支付的现金	
投资所支付的现金	
取得子公司及其他营业单位支付的现金净额	
支付的其他与投资活动有关的现金	
投资活动现金流出小计	
投资活动产生的现金流量净额	
三、筹资活动产生的现金流量：	
吸收投资所收到的现金	
借款所收到的现金	
收到的其他与筹资活动有关的现金	
筹资活动现金流入小计	
偿还债务所支付的现金	
分配股利、利润或偿付利息所支付的现金	
支付的其他与筹资活动有关的现金	
筹资活动现金流出小计	
筹资活动产生的现金流量净额	
四、汇率变动对现金的影响额	
五、现金及现金等价物净增加额	
加：期初现金及现金等价物余额	
六、期末现金及现金等价物余额	

任务8.5 财务控制

【业务8.5.1】

(多选题)金陵公司是一家跨国公司,不同员工对自己所在部门是不是责任中心存在着不同看法,请根据背景资料(见图8-53)判断说法正确的是(　　)。

背景资料:

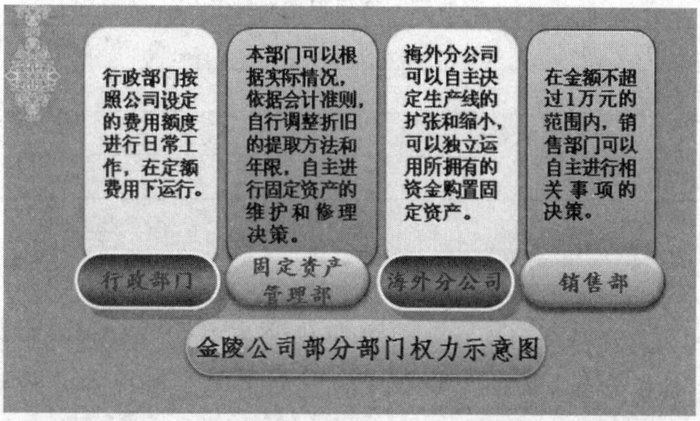

图8-53　金陵公司部分部门权力示意图

A. 行政部助理小王坚持认为行政部是一个责任中心

B. 固定资产管理部门经理李丽认为其所在部门是责任中心

C. 海外分公司CEO王琳认为分公司可以是责任中心

D. 销售部总监李丽坚持认为销售部是责任中心

【业务8.5.2】

金陵公司第一车间是成本中心,只生产一种产品,其预算产量为5000件,单位标准材料成本为100元/件(10元/千克×10千克/件);实际产量为6000件,实际单位材料成本为96元(12元/千克×8千克/件)。假设其他成本暂时忽略不计,请填写成本中心考核指标计算表。

单据:

成本中心考核指标计算表

项　目	数　值
实际责任成本(元)	
预算责任成本(元)	
责任成本变动额(元)	
责任成本变动率(%)	
材料价格上升对成本的影响(元)	
材料用量下降对成本的影响(元)	

【业务 8.5.3】

金陵玩具公司于 2016 年 12 月底对各个利润中心的业绩进行考核，财务部李琳负责考评第一车间。第一车间以个人为利润中心，生产毛绒玩具熊，本期实现内部销售收入 100 万元，变动成本为 60 万元，该中心负责人可控固定成本为 10 万元，中心负责人不可控但应由该中心负担的固定成本为 8 万元。请填写利润中心考核指标计算表。

单据：

利润中心考核指标计算表

项　目	金额(万元)
边际贡献	
利润中心负责人可控利润总额	
利润中心可控利润总额	

【业务 8.5.4】

金陵装修公司的玄武分公司为自然利润中心，会计师陈晓从边际贡献和可控利润两方面入手，分析评价玄武分公司 2017 年 1 月的利润情况。请根据背景资料(见图 8-54～图 8-56)填写利润中心考核指标计算表。

背景资料：

分页：66　总页：

总分类账

科目：主营业务收入

2017 年 月	日	凭证 字	号	摘要	借方	贷方	借或贷	余额	√
01	01			上年结转				0	
01	31	科汇	002	本月发生额	100000000	100000000	平	0	
01	31			本月合计	100000000	100000000	平	0	

图 8-54　主营业务收入总账

变动成本汇总表

项　目	金额(万元)
直接材料	21
直接人工	18
制造费用	10
变动销售费用	11
合　计	60

图 8-55　变动成本汇总表

固定成本明细表

项 目	金额(元)	备 注
折旧费	40000	负责人不可控
租赁费	60000	负责人不可控
管理人员工资	50000	负责人不可控
员工工资	60000	负责人可控
办公费	20000	负责人可控
修理费	10000	负责人可控
低值易耗品	10000	负责人可控

图 8-56 固定成本明细表

单据：

利润中心考核指标计算表

项 目	金额(万元)
边际贡献	
利润中心负责人可控利润总额	
利润中心可控利润总额	

【业务 8.5.5】

金陵铁观音茶叶连锁店主要经营铁观音等茶叶，企业拥有自己的茶山，从原材料到最后包装、销售都设立有相应的管理部门。该连锁店 2016 年的销售收入为 500 万元，贡献毛益率为 40%，固定成本为 75 万元，其中设备租金 25 万元为不可控成本。假设该连锁店是一个投资中心，其所占用的平均资产额为 312.5 万元，请填写投资收益率计算表。

单据：

投资收益率计算表

项 目	计算公式	数 值
投资收益率(%)	(销售收入×毛益率－固定成本)÷平均资产额×100%	

【业务 8.5.6】

承接业务 8.5.5，假设该连锁店要求的最低投资收益率为 10%，如果该连锁店的经营目标是可控利润总额达到 150 万元，请填写投资收益率与剩余收益计算表。

单据：

投资收益率与剩余收益计算表

项 目	计算公式	数 值
投资收益率(%)	可控利润总额÷平均资产额×100%	
剩余收益(万元)	可控利润总额－最低投资收益	

【业务 8.5.7】

金陵数字电视公司主要生产高清数字电视，下设 A、B 两个投资中心。公司决定 2017 年追加投资 100 万元，要求的最低投资收益率为 12%。根据投资项目财务评价分析可知，若投向投资中心 A，每年可增加净利润 20 万元；若投向投资中心 B，每年可增加净利润 15 万元。请根据背景资料(见图 8-57)填写投资中心考核指标比较分析表。

说明：计算结果有小数位的保留两位小数，无小数位的保留整数。

背景资料：

2016 年主要财务指标　　　　单位：万元

项　目	投资中心 A	投资中心 B
年初总资产	150	380
年末总资产	250	420
净利润	30	68

图 8-57　2016 年主要财务指标

单据：

投资中心考核指标比较分析表

项　目	投资中心 A	投资中心 B
追加投资前的投资收益率(%)		
追加投资前的剩余收益(万元)		
追加投资后的投资收益率(%)		
追加投资后的剩余收益(万元)		

【业务 8.5.8】

(多选题)金陵公司下设东方和南海两个利润中心，东方中心常年向南海中心提供劳务。在其他条件不变的情况下，如果提高劳务的内部转移价格，可能出现的结果有(　　)。

A. 东方中心内部利润增加　　B. 南海中心内部利润减少
C. 金陵公司利润总额增加　　D. 金陵公司利润总额不变

【业务 8.5.9】

(单选题)金陵家具公司下设甲、乙两个责任中心。2017 年 2 月，甲责任中心将一批产品转移给乙责任中心。已知该产品的单位变动成本为 240 元，单位市价为 640 元。金陵家具公司财务总监王海的会计处理为：甲责任中心销售单价为 640 元，乙责任中心购买单价为 240 元。请问王海选择的内部转移价格是(　　)。

A. 市场价格　　B. 协商价格　　C. 成本价格　　D. 双重价格

【业务 8.5.10】

金陵汽车公司设有轮胎分部和组装分部。轮胎分部生产的轮胎可以在市场上销售，也可以供组装分部使用。2016 年，轮胎分部共生产 20 万个轮胎，其中对外销售 15 万个，销售价格为 280 元/个；向组装分部转移 5 万个，内部转移价格为 180 元/个。请根据背景资料（见图 8-58 和图 8-59）填写内部转移价格计算表。

背景资料：

2016 年轮胎生产成本汇总表　　单位：元

成本项目	单位成本	总成本
直接材料	80	16000000
直接人工	40	8000000
制造费用	80	16000000
合　计	200	40000000

图 8-58　轮胎生产成本汇总表

2016 年轮胎费用明细表　　单位：元

费用项目	金　额
单位制造费用总额	80
单位变动制造费用	30
单位固定制造费用	50
单位变动销售费用	10
固定销售及管理费用总额	500000

图 8-59　轮胎费用明细表

单据：

内部转移价格计算表

项　目	数　值
轮胎分部可接受的最低转移价格(元)	
组装分部可接受的最高转移价格(元)	
是否应该进行内部转移(填写“是”或“否”)	
实际内部转移价格(元)	
实际内部转移数量(个)	
轮胎分部内部转移获得的边际贡献(元)	

任务 8.6　项目综合实训

【任务 8.6.1】

金陵纺织厂是一家以棉纺织业为主的大型企业，拥有棉纺织厂、针织厂、印染厂、制线厂等。其中，棉纺织厂发展最早，实力雄厚，资金充足，设备先进，运作成熟。该厂主要生产三种规格的彩色棉纱：40S、32S、10S。请根据背景材料(见图 8-60～图 8-62)为金陵纺织厂所生产的规格为 40S 的棉纱产品编制 2017 年预计利润表。

说明：计算结果保留两位小数。

背景资料：

2017 年销售预算(40S)

项　目	第一季度	第二季度	第三季度	第四季度	全　年
预计销售数量(千克)	556271	1149885	1268627	1254838	4229621
销售单价(元/千克)	27.9	27.9	27.9	27.9	27.9
预计销售金额(元)	15519960.90	32081791.50	35394693.30	35009980.20	118006425.90
期初应收账款(元)	2000000.00	—	—	—	2000000.00
第一季度销售收入(元)	9311976.54	6207984.36	—	—	15519960.90
第二季度销售收入(元)	—	19249074.90	12832716.60	—	32081791.50
第三季度销售收入(元)	—	—	21236815.98	14157877.32	35394693.30
第四季度销售收入(元)	—	—	—	21005988.12	21005988.12
经营现金收入(元)	11311976.54	2547059.26	34069532.58	35163865.44	106002433.82

图 8-60　2017 年销售预算(40S)

2017 年产品成本预算(40S)

项　目	单位成本(元/千克)	生产成本(4229621 千克)	期末存货成本(110385 千克)	销货成本(4229621 千克)
直接材料	17.349112	73380168.36	1915081.73	73380168.36
直接人工	1.156767	4892687.65	127689.77	4892687.65
变动制造费用	1.825598	7721588.90	201518.67	7721588.90
固定制造费用	—	3887624.84	0.00	3887624.84
合　计	—	89882069.75	2244290.16	89882069.75

图 8-61　2017 年产品成本预算(40S)

2017 年销售及管理费用预算(40S)　　单位：元

费用项目		金　额
变动费用	销售佣金	1268886.30
	办公费	42296.21
	运输费	23753.14
	合　计	1334935.65
固定费用	广告费	5515830.00
	销售人员薪金	8000000.00
	保险费	2000000.00
	财产税	0.00
预计现金支出	销售及管理费用全年现金支出总额	16850765.65
	销售及管理费用每季度现金支出总额	4212691.41

图 8-62　2017 年销售及管理费用预算(40S)

单据：

2017 年预计利润表 单位：元

项　　目	金　　额
销售收入	
减：变动成本	
其中：变动生产成本	
变动销售及管理费用	
贡献毛益总额	
减：固定成本	
其中：固定制造费用	
固定销售及管理费用	
息税前利润	
减：利息费用	—
税前利润	—
减：所得税	—
净利润	—

【业务 8.6.2】

承接业务 8.6.1，请根据背景资料（见图 8-63 和图 8-64），对比棉纺织厂 2016 年的实际利润和 2017 年的预计利润，填写利润差异分析表。

说明：计算结果保留两位小数。

背景资料：

2016 年各产品实际利润表 单位：元

项　　目	40S	32S	10S	合　　计
销售收入	111600000.00	44587044.00	13000000.00	169187044.00
减：变动生产成本	81325910.68	26873560.71	4678455.91	112877927.30
变动销售及管理费用	1262463.60	415061.64	73867.50	1751392.74
贡献毛益总额	29011625.72	17298421.65	8247676.59	54557723.96
减：固定生产成本	3680000.00	1206000.00	215000.00	5101000.00
固定销售及管理费用	14673600.00	4824000.00	858600.00	20356200.00
息税前利润	10658025.72	11268421.65	7174076.59	29100523.96
利润结构比	36.62%	38.72%	24.66%	100.00%

图 8-63　2016 年各产品实际利润表

2017 年各产品预计利润表 单位：元

项　　目	40S	32S	10S	合　　计
销售收入	（略）	46429058.64	12816349.00	177251833.54
减：变动生产成本		27983782.16	4612363.37	118590590.44
变动销售及管理费用		432208.99	72823.97	1839968.61
贡献毛益总额		18013067.49	8131161.66	56821274.49
减：固定生产成本		1258687.99	212079.03	5358391.86
固定销售及管理费用		5023525.82	846426.00	21385781.82
息税前利润		11730853.68	7072656.63	30077100.81

图 8-64　2017 年各产品预计利润表

单据：

利润差异分析表

项　　目	40S	32S	10S	合　计
2016 年实际利润（元）				
2017 年预计利润（元）				
预计利润增加额（元）				
预计利润增长率（%）				
预计利润结构（%）				

【业务 8.6.3】

承接业务 8.6.1 和业务 8.6.2，2017 年 7 月，经过半年的生产，金陵纺织厂汇总了各产品的生产成本，总结上半年的经营业绩，并与预算相比较，考察预算执行情况。请根据背景资料（见图 8-65 和图 8-66）为金陵纺织厂规格为 32S 的棉纱产品进行单位成本差异分析，填写单位变动成本差异分析表。

说明：假设成本在每个月均匀发生，计算结果保留五位小数。

背景资料：

2017 年产品成本预算（32S）

项　　目	单位成本（元/千克）	生产成本（1874363 千克）	期末存货成本（50000 千克）	销货成本（1874363 千克）
直接材料	12.67537661	23758256.93	633768.83	23758256.93
直接人工	0.845288044	1584376.63	42264.40	1584376.63
变动制造费用	1.4090913	2641148.60	70454.57	2641148.60
固定制造费用	—	1258687.99	0.00	1258687.99
合　计	—	29242470.15	746487.80	29242470.15

图 8-65　2017 年产品成本预算（32S）

2017 年上半年产品成本汇总表(32S)

项　　目	单位成本(元/千克)	数量(千克)	总成本(元)
直接材料	12.81874	900000	11536866.00
直接人工	0.82618	900000	743562.00
变动制造费用	1.24710	900000	1122390.00

图 8-66　2017 年上半年产品成本汇总表(32S)

单据：

单位变动成本差异分析表　　　　单位：元

成 本 项 目	实 际 成 本	预 算 成 本	差　异　额
单位直接材料			
单位直接人工			
单位变动制造费用			
合　计			

【业务 8.6.4】

(多选题)承接业务 8.6.1～业务 8.6.3，根据业务 8.6.3 的成本差异分析结果，以下选项中可能造成该结果的原因有(　　)。

说明：假设每个选项都单独发生，不会同时影响成本。

A. 原材料价格上涨

B. 单位材料耗用量节省

C. 工人加班增加(加工工资高于正常工资)

D. 采用科学方法提高工人效率

【业务 8.6.5】

承接业务 8.6.1～业务 8.6.4，请根据背景资料(见图 8-67 和图 8-68)填写管理费用差异分析表。

说明：假设费用在每个月均匀发生，计算结果保留两位小数。

背景资料：

2017 年管理费用预算　　　　单位：元

费 用 项 目	40S	32S	10S	合　计
办公费	543054.05	175823.41	29624.91	748502.37
通信费	853370.65	276293.93	46553.43	1176218.01
人员工资	4887486.45	1582410.69	266624.19	6736521.33
差旅费	2870428.55	929352.31	156588.81	3956369.67
水电费	698212.35	226058.67	38089.17	962360.19
折旧费	3956536.65	1280999.13	215838.63	5453374.41
低值易耗品	1163687.25	376764.45	63481.95	1603933.65
其　他	543054.05	175823.23	29624.91	748502.37
合　计	15515830.00	5023525.82	846426.00	21385781.82

图 8-67　2017 年管理费用预算

2017年上半年实际管理费用 单位：元

费用项目	40S	32S	10S	合　计
办公费	305301.88	88414.06	14360.80	408076.74
通信费	471830.18	136639.91	22193.97	630664.06
人员工资	2733839.60	791707.70	128594.46	3654141.75
差旅费	1587222.86	459652.63	74659.85	2121535.34
水电费	396372.05	114787.57	18644.56	529804.18
折旧费	2209969.32	639997.21	103952.62	2953919.15
低值易耗品	654837.85	189638.11	30802.29	875278.24
其　他	313975.23	90925.82	14768.78	419669.83
合　计	8673348.97	2511763.00	407977.33	11593089.30

图 8-68　2017年上半年实际管理费用

单据：

管理费用差异分析表

产　品	预计管理费用(元)	实际管理费用(元)	差异额(元)	差异率(%)
40S				
32S				
10S				
合　计				

【业务 8.6.6】

承接业务 8.6.1～业务 8.6.5，请根据业务 8.6.5 的计算结果，对三种产品实际发生的管理费用相对于预算的完成情况进行评价，填写管理费用控制考核表。

说明：A. 高效完成，提高利润或节约费用5%以上；B. 正常完成，利润或费用的变动幅度在－5%～5%；C. 低效完成，减少利润或增加费用5%以上。将对应的代码填入管理费用控制考核表。

单据：

管理费用控制考核表

产　品	预算完成情况
40S	
32S	
10S	

【任务 8.6.7】

请根据背景资料(见图 8-69)判断金陵科技公司的第一车间、计算机组装部门、保定分公司分别属于什么性质的责任中心，填写责任中心类型判断表。

背景资料：

金陵科技公司简介

金陵科技公司成立于2007年6月，总部位于北京，是集计算机销售、计算机组装、软硬件生产于一体的一家公司。经过10年的努力和发展，已具备一定的规模，拥有一支强有力的产品生产和销售团队。在为用户创造更多价值的同时，金陵科技公司致力于为不同群体的用户提供更高的应用需求，极力推动新产品普及，以加快公司的发展步伐。

金陵科技公司第一车间只生产内存条，其预算产量为10000件，单位标准成本为105 元/件。第一车间只负责按照生产规划部门的指令，在定额范围内生产。

金陵科技公司计算机组装部门的总经理金政文拥有计算机及相关软硬件开发、销售、售后服务等生产经营决策权，能通过生产经营决策对本公司的盈利施加影响，为公司增加经济效益。

金陵科技公司设在河北保定的分公司除了拥有上述组装部门的权力外，还拥有购买固定资产或债券等的投资决策权，并对投资结果负责。

图 8-69　金陵科技公司简介

单据：

责任中心类型判断表

名　　称	责任中心类型
第一车间	
计算机组装部门	
保定分公司	

【业务 8.6.8】

承接业务 8.6.7，请根据背景资料（见图 8-70 和图 8-71）填写成本中心考核指标计算表。

说明：计算结果有小数位的保留两位小数，无小数位的保留整数。

背景资料：

2016 年内存条生产成本汇总表

成本项目	总成本(元)	产成品数量(件)	单位成本(元/件)
直接材料	420000	12000	35
直接人工	360000	12000	30
制造费用	420000	12000	35
合　计	1200000	12000	100

图 8-70　2016 年内存条生产成本汇总表

单位产品标准成本 单位：元

成本项目	金额
直接材料	40
直接人工	30
制造费用	35
单位产品标准成本	105

图 8-71 单位产品标准成本

单据：

成本中心考核指标计算表

项目	数值
实际责任成本(元)	
预算责任成本(元)	
责任成本变动额(元)	
责任成本变动率(%)	

【业务 8.6.9】

(单选题)承接业务 8.6.7 和业务 8.6.8，生产车间将一批内存条转移给计算机组装部门，市场上内存条的价格为 180 元/件，请根据背景资料(见图 8-72 和图 8-73)判断金陵科技公司采用的内部转移价格是(　　)。

背景资料：

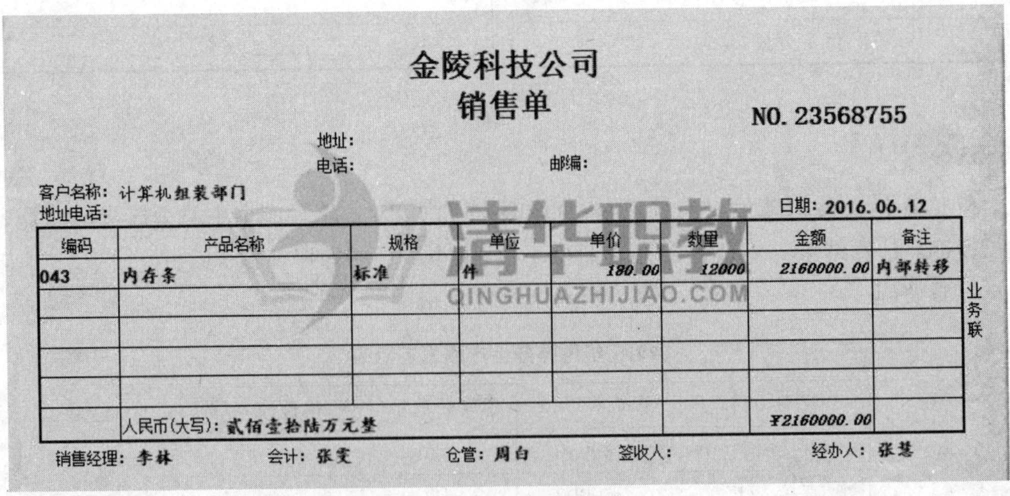

金陵科技公司

销售单

NO. 23568755

地址：

电话： 邮编：

客户名称：计算机组装部门

地址电话： 日期：2016. 06. 12

编码	产品名称	规格	单位	单价	数量	金额	备注
043	内存条	标准	件	180.00	12000	2160000.00	内部转移
	人民币(大写)：贰佰壹拾陆万元整					￥2160000.00	

业务联

销售经理：李林　会计：张雯　仓管：周白　签收人：　经办人：张慧

图 8-72 销售单(内部转移)

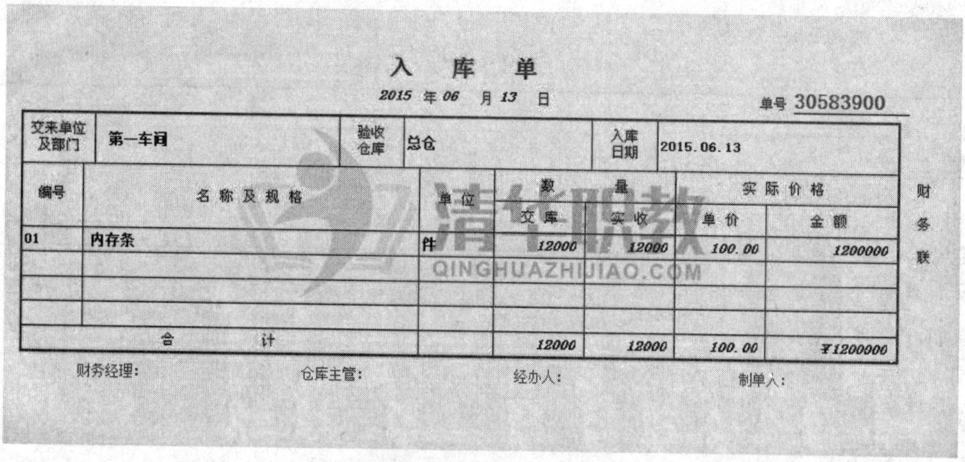

入　库　单

2015 年 06 月 13 日　　　　单号 30583900

交来单位及部门	第一车间		验收仓库	总仓		入库日期	2015.06.13	
编号	名称及规格	单位	数量		实际价格			财务联
			交库	实收	单价	金额		
01	内存条	件	12000	12000	100.00	1200000		
合　计			12000	12000	100.00	￥1200000		

财务经理：　　仓库主管：　　经办人：　　制单人：

图 8-73　入库单(内部转移)

A. 市场价格　　B. 协商价格　　C. 成本价格　　D. 双重价格

【业务 8.6.10】

承接业务 8.6.7～业务 8.6.9，计算机组装部门本期实现销售收入 5000 万元，请根据背景资料(见图 8-74 和图 8-75)填写利润中心考核指标计算表。

背景资料：

变动成本汇总表

单位：万元

项　　目	金　　额
直接材料	750
直接人工	590
制造费用	680
变动销售费用	80
合　计	2100

图 8-74　变动成本汇总表

固定成本明细表

项　　目	金额(万元)	备　　注
折旧费	40	负责人不可控
租赁费	60	负责人不可控
管理人员工资	50	负责人不可控
员工工资	60	负责人可控
办公费	18	负责人可控
修理费	12	负责人可控
低值易耗品	10	负责人可控

图 8-75　固定成本明细表

单据：

利润中心考核指标计算表

单位：万元

项　目	金　额
边际贡献	
利润中心负责人可控利润总额	
利润中心可控利润总额	

【业务 8.6.11】

承接业务 8.6.7～业务 8.6.10，保定分公司 2016 年实现净利润 4700 万元，公司 2016 年的期初资产总额为 40000 万元，期末资产总额为 50000 万元。根据保定分公司的历年利润情况及银行存款利率，董事会确定的 2016 年预期最低投资收益为 8%。请填写投资中心考核指标计算表。

说明：计算结果有小数位的保留两位小数，无小数位的保留整数。

单据：

投资中心考核指标计算表

项　目	数　值
投资收益率(%)	
剩余收益(万元)	

项目 9

财 务 分 析

任务 9.1　财务分析的常用方法

【业务 9.1.1】

金陵钱多多公司财务助理李浩于 2017 年 1 月 12 日提交了 2016 年的比较资产负债表(见图 9-1)。请判断该比较资产负债表的各列分别采用了哪种比较分析方法,将该方法所代表的字母填入比较分析方法运用表。

A. 绝对数比较分析　　B. 绝对数增减变动分析　　C. 百分比增减变动分析

背景资料:

2016 年比较资产负债表(部分)　　单位:元

项　　目	2015 年(1)	2016 年(2)	增加变动额(3)	增减变动百分比(4)
货币资金	154000	167890	13890	9.02%
应收账款	16000000	12000000	−4000000	−25%
存货	35000000	34000000	−1000000	−2.86%
其他流动资产	300000	300000	0	0%
长期股权投资	200000	300000	100000	50%
固定资产净值	58000000	64000000	6000000	10.34%
资产总计	109654000	110767890	1113890	1.02%

图 9-1　2016 年比较资产负债表(部分)

单据:

比较分析方法运用表

项　　目	(1)	(2)	(3)	(4)
所运用的比较分析方法				

【业务 9.1.2】

请根据背景资料(见图 9-2)分析金陵钱多多公司 2016 年年末的资产构成和负债构成情况,填写构成比率计算表。

背景资料：

资产负债表

编制单位：金陵钱多多公司　　　　2016 年　12 月　31 日　　　　单位：元

资 产	期末余额	年初余额	负债和所有者权益(或股东权益)	期末余额	年初余额
流动资产：			流动负债：		
货币资金	100,000.00	200,000.00	短期借款	500,000.00	400,000.00
以公允价值计量且其变动计入当期损益的金融资产	100,000.00	100,000.00	以公允价值计量且其变动计入当期损益的金融负债		
应收票据	100,000.00	100,000.00	应付票据		
应收账款	1,200,000.00	1,100,000.00	应付账款	200,000.00	300,000.00
预付款项			预收款项		
应收利息			应付职工薪酬	100,000.00	100,000.00
应收股利			应交税费	100,000.00	100,000.00
其他应收款			应付利息	100,000.00	100,000.00
存货	2,500,000.00	2,500,000.00	应付股利		
一年内到期的非流动资产			其他应付款		
其他流动资产			一年内到期的非流动负债		
流动资产合计	4,000,000.00	4,000,000.00	其他流动负债		
非流动资产：			**流动负债合计**	1,000,000.00	1,000,000.00
可供出售金融资产	1,000,000.00		非流动负债：		
持有至到期投资	1,000,000.00	1,000,000.00	长期借款		
长期应收款			应付债券	1,000,000.00	500,000.00
长期股权投资	1,000,000.00	1,000,000.00	长期应付款		
投资性房地产			专项应付款		
固定资产	3,000,000.00	2,500,000.00	预计负债		
在建工程			递延收益		
工程物资			递延所得税负债		
固定资产清理			其他非流动负债		
生产性生物资产			**非流动负债合计**	1,000,000.00	500,000.00
油气资产			**负债合计**	2,000,000.00	1,500,000.00
无形资产			所有者权益(或股东权益)：		
开发支出			实收资本(或股本)	4,000,000.00	4,000,000.00
商誉			资本公积	1,000,000.00	500,000.00
长期待摊费用			减：库存股		
递延所得税资产			其他综合收益		
其他非流动资产			盈余公积	1,000,000.00	500,000.00
非流动资产合计	6,000,000.00	4,500,000.00	未分配利润	2,000,000.00	2,000,000.00
			所有者权益(或股东权益)合计	8,000,000.00	7,000,000.00
资产总计	10,000,000.00	8,500,000.00	**负债和所有者权益(或股东权益)合计**	10,000,000.00	8,500,000.00

单位负责人　　　　会计主管　　　　复核　　　　制表

图 9-2　资产负债表

说明：计算结果有小数位的保留两位小数，无小数位的保留整数。

单据：

构成比率计算表

项　　目	比　率(%)
流动资产占资产总额的比率	
非流动资产占资产总额的比率	

续表

项　目	比　率(%)
流动负债占负债总额的比率	
非流动负债占负债总额的比率	
货币资金占流动资产的比率	
应收账款占流动资产的比率	
存货占流动资产的比率	

【业务 9.1.3】

李浩为调查中国移动支付的普及度,从网上搜集了一些数据(见图 9-3),并试图从中分析历年的变化规律。请帮助李浩分析 2014—2015 年中国移动支付用户的趋势变化情况,填写趋势分析表。

说明:计算结果保留两位小数。

背景资料:

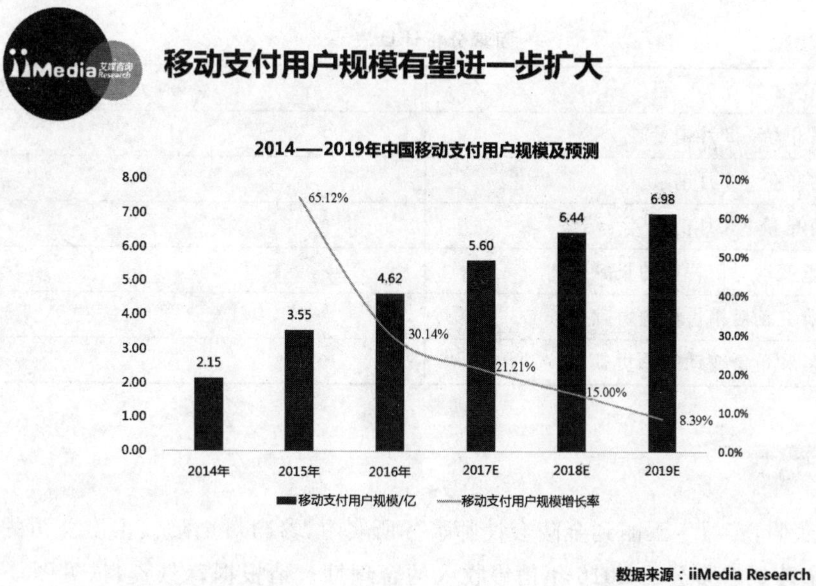

图 9-3　中国移动支付用户规模及预测

单据:

趋势分析表

年　份	定基趋势百分比(%)	环比趋势百分比(%)
2015		
2016		
2017E		
2018E		
2019E		

【业务 9.1.4】

2017 年 2 月,金陵玩具公司为迎接情人节的到来推出了情侣熊,规定凡在情人节前购买情侣熊的顾客均可享受优惠价格。3 月,公司在原有价格基础上进一步打折,情侣熊销量一路上涨。请根据背景资料(见图 9-4)计算单价、销量对销售额的影响,填写因素分析计算表。

背景资料:

情侣熊销售情况

月　份	月均销售单价(元/对)	销量(对)	销售额(元)
2 月	200	13000	2600000
3 月	160	25000	4000000

图 9-4　情侣熊销售情况

单据:

因素分析计算表

项　　目	金额(元)
2 月单价×2 月销量	
2 月单价×3 月销量	
3 月单价×3 月销量	
销量变动对销售额的贡献	
单价变动对销售额的贡献	
销量和单价变动的总贡献	

【业务 9.1.5】

2017 年寒假,实习生王丽到金陵会计师事务所实习,参与对金陵钱多多公司的审计,主要负责核查金陵钱多多公司 2016 年销售收入的合理性。请根据背景资料(见图 9-5),对金陵钱多多公司 2016 年各月的销售收入进行分析,找出需要重点审查的月份,填写财务分析方法综合运用表。

说明:计算结果有小数位的保留两位小数,无小数位的保留整数。

背景资料:

2016 年销售收入分月统计表　　　　单位:万元

项　目	1	2	3	4	5	6	7	8	9	10	11	12	合　计
销售收入	100	150	200	300	90	200	100	100	100	500	500	700	3040

图 9-5　2016 年销售收入分月统计表

单据：

财务分析方法综合运用表

月份	销售收入(万元)	环比增长率(%)	占全年销售收入比率(%)	是否重点审查
1		—		
2				
3				
4				
5				
6				
7				
8				
9				
10				
11				
12				

任务9.2 偿债能力分析

【业务9.2.1】

王涛在学完财务管理课程之后到父亲所在公司上班，父亲给了他一组数据：公司流动负债为200万元，流动资产为400万元，存货为90万元，待摊费用为2万元。父亲希望王涛能帮助分析出公司的偿债能力。王涛根据所学知识计算出公司的流动比率和速动比率，其计算过程和结果见图9-6，请判断王涛计算的正确性。

背景资料：

流动比率和速动比率计算表

项目	计算过程	计算结果
流动比率	400÷200	2
速动比率(速动资产仅扣除存货)	(400－90)÷200	1.55
速动比率(速动资产同时扣除存货和待摊费用)	(400－90－2)÷200	1.54

图9-6 流动比率和速动比率计算表

单据：

计算过程与结果判断表

判断项目	判断结果(填写"对"或"错")
流动比率计算过程	
流动比率计算结果	
速动比率计算过程	
速动比率计算结果	

【业务 9.2.2】

(多选题)根据图 9-7 可以得出的结论有(　　)。

背景资料：

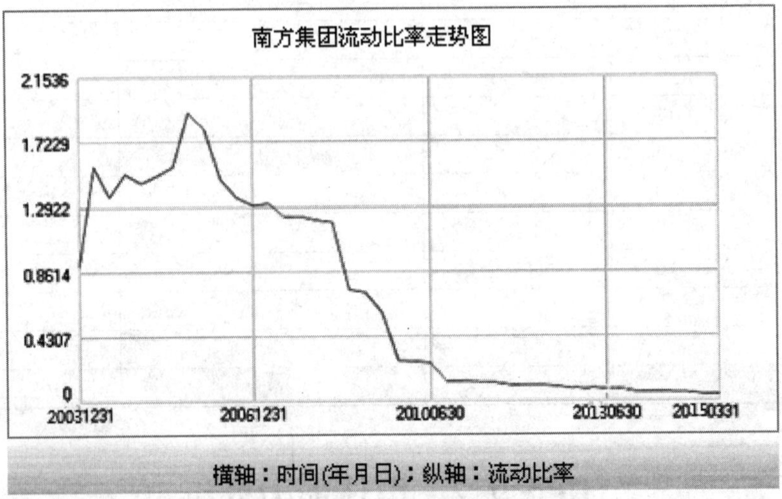

图 9-7　南方集团流动比率走势图

A. 南方集团的短期偿债能力较弱

B. 南方集团的流动比率高于标准值

C. 南方集团的流动比率自 2006 年以来持续下滑

D. 南方集团 2010 年之后的偿债风险非常大

【业务 9.2.3】

王海 2017 年投资 80 万元创办了一家广告公司，开业初期向银行借入 20 万元借款，公司尚未发生其他业务，请你帮助王海计算公司的资产负债率、产权比率和权益乘数，填写长期偿债能力指标计算表。

说明：计算结果有小数位的保留两位小数，无小数位的保留整数。

单据：

长期偿债能力指标计算表

项　　目	数　　值
资产总额(万元)	
负债总额(万元)	
所有者权益总额(万元)	
资产负债率(%)	
产权比率(%)	
权益乘数	

【业务 9.2.4】

2017 年 4 月，东方公司和长安公司同时向中国工商银行申请一笔 5 年期的长期借款。由于贷款指标限制，中国工商银行当月只能向其中一家公司提供贷款。为此，银行派出专家组对两家银行的资信等级进行调查，以确定贷款发放对象。专家组的决策依据为：单纯从资产负债表来看，应选择长期偿债能力强的公司。请根据背景资料(见图 9-8 和图 9-9)填写长期偿债能力比较分析表。

说明：计算结果有小数位的保留小数，无小数位的保留整数。

背景资料：

资产负债表

编制单位：东方公司　　2017 年 03 月 31 日　　单位：元

资产	期末余额	年初余额	负债和所有者权益(或股东权益)	期末余额	年初余额
流动资产：			流动负债：		
货币资金	100,000.00	200,000.00	短期借款	500,000.00	500,000.00
以公允价值计量且其变动计入当期损益的金融资产	500,000.00	300,000.00	以公允价值计量且其变动计入当期损益的金融负债		
应收票据	100,000.00		应付票据	200,000.00	100,000.00
应收账款	3,000,000.00	2,500,000.00	应付账款	1,000,000.00	1,200,000.00
预付款项	1,000,000.00	1,000,000.00	预收款项		
应收利息			应付职工薪酬	50,000.00	50,000.00
应收股利			应交税费	150,000.00	150,000.00
其他应收款	300,000.00		应付利息		
存货	5,000,000.00	6,000,000.00	应付股利		
一年内到期的非流动资产			其他应付款	100,000.00	
其他流动资产			一年内到期的非流动负债		
流动资产合计	10,000,000.00	10,000,000.00	其他流动负债		
非流动资产：			**流动负债合计**	2,000,000.00	2,000,000.00
可供出售金融资产	1,000,000.00	500,000.00	非流动负债：		
持有至到期投资	1,000,000.00	500,000.00	长期借款	3,000,000.00	1,000,000.00
长期应收款			应付债券	3,000,000.00	3,000,000.00
长期股权投资	6,000,000.00	4,000,000.00	长期应付款		
投资性房地产			专项应付款		
固定资产	5,000,000.00	5,000,000.00	预计负债		
在建工程			递延收益		
工程物资			递延所得税负债		
固定资产清理			其他非流动负债		
生产性生物资产			**非流动负债合计**	6,000,000.00	4,000,000.00
油气资产			**负债合计**	8,000,000.00	6,000,000.00
无形资产			所有者权益(或股东权益)：		
开发支出			实收资本(或股本)	10,000,000.00	10,000,000.00
商誉			资本公积	2,000,000.00	1,500,000.00
长期待摊费用			减：库存股		
递延所得税资产			其他综合收益		
其他非流动资产			盈余公积	1,500,000.00	1,200,000.00
非流动资产合计	13,000,000.00	10,000,000.00	未分配利润	1,500,000.00	1,300,000.00
			所有者权益(或股东权益)合计	15,000,000.00	14,000,000.00
资产总计	23,000,000.00	20,000,000.00	**负债和所有者权益(或股东权益)合计**	23,000,000.00	20,000,000.00

单位负责人　张静　　会计主管　李朝霞　　复核　陈薇　　制表　庄蕾

图 9-8　东方公司资产负债表(2017 年 3 月 31 日)

资产负债表

编制单位：长安公司　　　　2017 年 03 月 31 日　　　　单位：元

资产	期末余额	年初余额	负债和所有者权益(或股东权益)	期末余额	年初余额
流动资产：			流动负债：		
货币资金	200,000.00	150,000.00	短期借款	1,000,000.00	1,500,000.00
以公允价值计量且其变动计入当期损益的金融资产	300,000.00	350,000.00	以公允价值计量且其变动计入当期损益的金融负债	100,000.00	
应收票据	100,000.00	100,000.00	应付票据		
应收账款	3,000,000.00	2,000,000.00	应付账款	1,500,000.00	900,000.00
预付款项	100,000.00	200,000.00	预收款项	300,000.00	50,000.00
应收利息			应付职工薪酬	50,000.00	20,000.00
应收股利			应交税费	50,000.00	30,000.00
其他应收款	300,000.00	200,000.00	应付利息		
存货	6,000,000.00	7,000,000.00	应付股利		
一年内到期的非流动资产			其他应付款		
其他流动资产			一年内到期的非流动负债		
流动资产合计	10,000,000.00	10,000,000.00	其他流动负债		
非流动资产：			**流动负债合计**	3,000,000.00	2,500,000.00
可供出售金融资产	2,000,000.00	2,000,000.00	非流动负债：		
持有至到期投资	1,000,000.00	1,500,000.00	长期借款	4,000,000.00	5,000,000.00
长期应收款			应付债券	3,000,000.00	4,500,000.00
长期股权投资	6,000,000.00	5,000,000.00	长期应付款	2,000,000.00	
投资性房地产			专项应付款		
固定资产	7,000,000.00	6,000,000.00	预计负债		
在建工程			递延收益		
工程物资			递延所得税负债		
固定资产清理			其他非流动负债		
生产性生物资产			**非流动负债合计**	9,000,000.00	9,500,000.00
油气资产			**负债合计**	12,000,000.00	12,000,000.00
无形资产	1,000,000.00	500,000.00	所有者权益(或股东权益)：		
开发支出			实收资本(或股本)	12,000,000.00	12,000,000.00
商誉			资本公积	1,000,000.00	500,000.00
长期待摊费用			减：库存股		
递延所得税资产			其他综合收益		
其他非流动资产			盈余公积	1,000,000.00	300,000.00
非流动资产合计	17,000,000.00	15,000,000.00	未分配利润	1,000,000.00	200,000.00
			所有者权益(或股东权益)合计	15,000,000.00	13,000,000.00
资产总计	27,000,000.00	25,000,000.00	**负债和所有者权益(或股东权益)合计**	27,000,000.00	25,000,000.00

单位负责人　张鹏　　会计主管　李娟　　复核　陈晓　　制表　朱丽

图 9-9　长安公司资产负债表(2017 年 3 月 31 日)

单据：

长期偿债能力比较分析表

项　　目	东方公司	长安公司
资产负债率		
产权比率		
有形净值债务率		
贷款对象选择(填写“是”或“否”)		

【业务 9.2.5】

请根据背景资料(见图 9-10)计算金陵钱多多公司 2016 年年初和年末的利息保障倍数，分析其变动趋势，确定下一阶段是否应向银行借款，填写利息保障倍数计算分析表。

说明：假设利润表中财务费用的 80%为利息费用。计算结果有小数位的保留小数，无小数位的保留整数。

背景资料：

利润表（一般企业会计准则）

编制单位：　金陵钱多多公司　　　　2016　年 12 月　　　　单位：元

项目	行次	本期金额	上期金额
一、营业收入	1	1,050,000.00	850,000.00
减：营业成本	2	725,000.00	590,000.00
税金及附加	3	5,000.00	4,000.00
销售费用	4	120,000.00	106,000.00
管理费用	5	110,000.00	80,000.00
财务费用	6	10,000.00	5,000.00
资产减值损失	7		
加：公允价值变动收益（损失以"-"号填列）	8		
投资收益（损失以"-"号填列）	9		
其中：对联营企业和合营企业的投资收益	10		
二、营业利润（亏损以"-"号填列）	11	80,000.00	65,000.00
加：营业外收入	12	10,000.00	
其中：非流动资产处置利得	13		
减：营业外支出	14	5,000.00	
其中：非流动资产处置损失	15		
三、利润总额（亏损总额以"-"号填列）	16	85,000.00	65,000.00
减：所得税费用	17	21,250.00	16,250.00
四、净利润（净亏损以"-"号填列）	18	63,750.00	48,750.00
五、其他综合收益的税后净额	19		
(一)以后不能重分类进损益的其他综合收益	20		
1.重新计量设定受益计划净负债或净资产的变动			
2.权益法下在被投资单位不能重分类进损益的其他综合收益中享有的份额			
(二)以后将重分类进损益的其他综合收益	21		
1.权益法下在被投资单位以后将重分类进损益的其他综合收益中享有的份额			
2.可供出售金融资产公允价值变动损益			
3.持有至到期投资重分类为可供出售金融资产损益			
4.现金流经套期损益的有效部分			
5.外币财务报表折算差额			
六、综合收益总额	22		
七、每股收益：	23		
（一）基本每股收益	24		
（二）稀释每股收益	25		

单位负责人：　　　　会计主管　　　　复核　　　　制表

图 9-10　2016 年度利润表

单据：

利息保障倍数计算分析表

项　　目	数　　值
年末利息费用(元)	
年末息税前利润(元)	
年末利息保障倍数	
年初利息保障倍数	
利息保障倍数变动趋势(填写“上升”或“下降”)	
是否适宜扩大贷款规模(填写“是”或“否”)	

任务 9.3　营运能力分析

【业务 9.3.1】

请根据背景资料(见图 9-11)计算金陵钱多多公司的短期营运能力指标。

说明：计算结果有小数位的保留小数，无小数位的保留整数。

背景资料：

金陵钱多多公司相关财务数据

项　　目	数　　值
营业收入(万元)	2000
赊销比率(%)	100
营业成本(万元)	1600
年初应收账款(万元)	200
年末应收账款(万元)	400
年初存货(万元)	260
年末存货(万元)	600

图 9-11　金陵钱多多公司相关财务数据

单据：

短期营运能力指标计算表

项　　目	数　　值
营业成本(万元)	
平均存货余额(万元)	
存货周转率(次)	
存货周转天数(天)	
赊销收入(万元)	
平均应收账款余额(万元)	
应收账款周转率(次)	
应收账款周转天数(天)	

【业务 9.3.2】

请根据背景资料(见图 9-12)计算金陵钱多多公司的营业周期。

说明：假设期末应收账款与存货的比例与期初保持一致。计算结果有小数位的保留两位小数,无小数位的保留整数,周转天数采用进一法取整数。

背景资料：

金陵钱多多公司 2016 年财务分析报告（部分）

二、主要财务数据及比率分析

1. 主要财务数据（单位：元）

（1）期初余额

会计科目	期初余额
存货	30000
应收账款	25400
⋮	⋮

（2）本期发生额（单位：元）

会计科目	本期借方发生额	本期贷方发生额
主营业务收入	312000	312000
主营业务成本	187000	187000
⋮	⋮	⋮

（3）期末报表要素合计数

报表小计科目	期末合计数
流动资产	54000
⋮	⋮

……

2. 相关财务比率计算结果

（1）期末短期偿债能力指标分析

项 目	数 值
流动比率	2
速动比率	1.5
⋮	⋮

说明：速动比率计算仅在流动比率的技术上扣除存货。

……

第 5 页，共 33 页

图 9-12 金陵钱多多公司 2016 年财务分析报告(部分)

单据：

营业周期计算表

项　目	数　值	项　目	数　值
年末存货余额(元)		年平均应收账款余额(元)	
年平均存货余额(元)		主营业务收入(元)	
主营业务成本(元)		应收账款周转率(次)	
存货周转率(次)		应收账款周转天数(天)	
存货周转天数(天)		营业周期(天)	
年末应收账款余额(元)			

【业务 9.3.3】

金陵钱多多公司由于产品更新换代，有部分机器设备闲置。为估算固定资产闲置情况对企业生产发展的影响，公司成立了专家项目组，对固定资产使用情况进行整体评估。专家项目组根据公司资产管理部门提供的数据编制了固定资产增减变化表(见图 9-13)。请据此填写固定资产运用现状表。

说明：计算结果有小数位的保留两位小数，无小数位的保留整数。

背景资料：

固定资产增减变化表　　　　单位：元

项　目	原　价				折　旧	
	年初数	本年增加	本年减少	年末	年初	年末
生产用	100000	40000	20000	120000	30000	40000
非生产用	20000	10000	5000	25000	6000	7000
未使用	10000	—	10000	0	4000	0
不需用	5000	—	—	5000	2000	2000
合　计	135000	50000	35000	150000	42000	49000

图 9-13　固定资产增减变化表

单据：

固定资产运用现状表

项　目	年　初	年　末
生产用固定资产所占比率(%)		
未使用、不需用固定资产所占比率(%)		
固定资产配置是否有效(填写“是”或“否”)	—	

【业务 9.3.4】

承接业务 9.3.3，金陵钱多多公司固定资产使用情况评估专家项目组在完成对相关数据收集及实地调查之后，于 2017 年 4 月 10 日召开项目组会议。假设你是项目组成员，需要在会议上提供固定资产更新率相关数据，请填写年末固定资产更新率计算表。

说明：计算结果保留两位小数。

单据：

年末固定资产更新率计算表

计算项目	计算公式	计算结果(%)
固定资产更新率	当年新增固定资产原价÷年初固定资产原价之和×100%	
固定资产退废率	当年退废固定资产原价÷年初固定资产原价之和×100%	
固定资产磨损率	累计折旧总额÷全部固定资产原价×100%	
固定资产净值率	全部固定资产净值÷全部固定资产原价×100%	

【业务 9.3.5】

2017 年 1 月，金陵钱多多公司财务部完成了 2016 年财务报表的编制工作(见图 9-14～图 9-16)。财务经理李丽将报表呈送总经理，总经理对公司的营运能力特别关注。为此，李丽计算了相应的营运能力指标，并为总经理进行了详细的讲解。请代李丽填写总资产营运能力计算分析表。

说明：公司销售全部采用赊销方式。计算结果有小数位的保留两位小数，无小数位的保留整数。

背景资料：

资产负债表

编制单位：金陵钱多多公司　　　　2016 年　12 月　31 日　　　　单位：元

资产	期末余额	年初余额	负债和所有者权益(或股东权益)	期末余额	年初余额
流动资产：			流动负债：		
货币资金	500,000.00	300,000.00	短期借款	600,000.00	400,000.00
以公允价值计量且其变动计入当期损益的金融资产	500,000.00	200,000.00	以公允价值计量且其变动计入当期损益的金融负债		
应收票据			应付票据		
应收账款	1,500,000.00	500,000.00	应付账款	100,000.00	50,000.00
预付款项	250,000.00		预收款项	50,000.00	10,000.00
应收利息			应付职工薪酬	50,000.00	10,000.00
应收股利			应交税费	100,000.00	10,000.00
其他应收款	250,000.00		应付利息		
存货	2,000,000.00	1,000,000.00	应付股利		
一年内到期的非流动资产			其他应付款	100,000.00	20,000.00
其他流动资产			一年内到期的非流动负债		
流动资产合计	50,000,000.00	2,000,000.00	其他流动负债		
非流动资产：			**流动负债合计**	1,000,000.00	500,000.00
可供出售金融资产	1,000,000.00	2,000,000.00	非流动负债：		
持有至到期投资	2,000,000.00	2,000,000.00	长期借款	1,500,000.00	1,500,000.00
长期应收款			应付债券	1,500,000.00	1,000,000.00
长期股权投资	5,000,000.00	5,000,000.00	长期应付款		
投资性房地产			专项应付款		

图 9-14　资产负债表(2016 年 12 月 31 日)

固定资产	5,000,000.00	6,000,000.00	预计负债		
在建工程			递延收益		
工程物资			递延所得税负债		
固定资产清理			其他非流动负债		
生产性生物资产			**非流动负债合计**	3,000,000.00	2,500,000.00
油气资产			**负债合计**	4,000,000.00	3,000,000.00
无形资产	2,000,000.00	1,000,000.00	所有者权益(或股东权益)：		
开发支出			实收资本(或股本)	10,000,000.00	10,000,000.00
商誉			资本公积	4,000,000.00	3,600,000.00
长期待摊费用			减：库存股		
递延所得税资产			其他综合收益		
其他非流动资产			盈余公积	1,000,000.00	950,000.00
非流动资产合计	15,000,000.00	16,000,000.00	未分配利润	1,000,000.00	450,000.00
			所有者权益(或股东权益)合计	16,000,000.00	15,000,000.00
资产总计	20,000,000.00	18,000,000.00	**负债和所有者权益(或股东权益)合计**	20,000,000.00	18,000,000.00

单位负责人　　会计主管　　复核　　制表

图 9-14　资产负债表(2016 年 12 月 31 日)

利润表（一般企业会计准则）

编制单位：　金陵钱多多公司　　2016　年 12 月　　单位：元

项目	行次	本期金额	上期金额
一、营业收入	1	9,000,000.00	8,000,000.00
减：营业成本	2	7,500,000.00	6,900,000.00
税金及附加	3	150,000.00	100,000.00
销售费用	4	250,000.00	200,000.00
管理费用	5	350,000.00	300,000.00
财务费用	6	150,000.00	150,000.00
资产减值损失	7		
加：公允价值变动收益（损失以"-"号填列）	8		
投资收益（损失以"-"号填列）	9	100,000.00	50,000.00
其中：对联营企业和合营企业的投资收益	10		
二、营业利润（亏损以"-"号填列）	11	700,000.00	400,000.00
加：营业外收入	12	50,000.00	200,000.00
其中：非流动资产处置利得	13		
减：营业外支出	14	150,000.00	100,000.00
其中：非流动资产处置损失	15		
三、利润总额（亏损总额以"-"号填列）	16	600,000.00	500,000.00
减：所得税费用	17	150,000.00	125,000.00
四、净利润（净亏损以"-"号填列）	18	450,000.00	375,000.00
五、其他综合收益的税后净额	19		
(一）以后不能重分类进损益的其他综合收益	20		
1.重新计量设定受益计划净负债或净资产的变动			
2.权益法下在被投资单位不能重分类进损益的其他综合收益中享有的份额			
(二）以后将重分类进损益的其他综合收益	21		
1.权益法下在被投资单位以后将重分类进损益的其他综合收益中享有的份额			
2.可供出售金融资产公允价值变动损益			
3.持有至到期投资重分类为可供出售金融资产损益			
4.现金流经套期损益的有效部分			
5.外币财务报表折算差额			
六、综合收益总额	22		
七、每股收益：	23		
（一）基本每股收益	24		
（二）稀释每股收益	25		

单位负责人：　　会计主管　　复核　　制表

图 9-15　利润表(2016 年 12 月)

营运能力行业平均指标

项目	数值
应收账款周转率(次)	8.5
存货周转率(次)	4.1

图 9-16 营运能力行业平均指标

单据：

总资产营运能力计算分析表

项目	数值	项目	数值
销售收入(万元)		存货周转率(次)	
平均资产总额(万元)		平均流动资产总额(万元)	
总资产周转率(次)		流动资产周转率(次)	
平均应收账款余额(万元)		平均固定资产净值(万元)	
应收账款周转率(次)		固定资产周转率(次)	
平均存货余额(万元)		营运能力评价(填写“高”或“低”)	

任务 9.4 盈利能力分析

【业务 9.4.1】

请根据背景资料(见图 9-17)填写销售毛利率计算表。

说明：金陵钱多多公司 2017 年第一季度无销售折扣和销售折让，计算结果有小数位的保留两位小数，无小数位的保留整数。

背景资料：

2017 年第一季度主营业务收入和主营业务成本　　单位：万元

项目	2017 年 1 月	2017 年 2 月	2017 年 3 月	2017 年第一季度合计
主营业务收入(万元)	100	300	200	600
主营业务成本(万元)	90	250	150	490

图 9-17 2017 年第一季度主营业务收入和主营业务成本

单据：

销售毛利率计算表

项目	2017 年 1 月	2017 年 2 月	2017 年 3 月	2017 年第一季度合计
销售毛利率(%)				

【业务 9.4.2】

请根据背景资料(见图 9-18 和图 9-19)填写总资产报酬率计算表。

说明：假设财务费用全部为利息支出。计算结果有小数位的保留两位小数，无小数位的保留整数。

背景资料：

资产负债表

编制单位：金陵钱多多公司　　2016 年 12 月 31 日　　单位：元

资 产	期末余额	年初余额	负债和所有者权益(或股东权益)	期末余额	年初余额
流动资产：			流动负债：		
货币资金	500,000.00	500,000.00	短期借款	1,000,000.00	900,000.00
以公允价值计量且其变动计入当期损益的金融资产	500,000.00	400,000.00	以公允价值计量且其变动计入当期损益的金融负债	1,000,000.00	100,000.00
应收票据			应付票据		
应收账款	1,000,000.00	1,100,000.00	应付账款	1,500,000.00	800,000.00
预付款项	200,000.00	400,000.00	预收款项	200,000.00	100,000.00
应收利息	200,000.00		应付职工薪酬	100,000.00	50,000.00
应收股利			应交税费	50,000.00	50,000.00
其他应收款	100,000.00	100,000.00	应付利息	50,000.00	
存货	2,500,000.00	2,500,000.00	应付股利		
一年内到期的非流动资产			其他应付款	100,000.00	
其他流动资产			一年内到期的非流动负债		
流动资产合计	5,000,000.00	5,000,000.00	其他流动负债		
非流动资产：			**流动负债合计**	4,000,000.00	2,000,000.00
可供出售金融资产	3,000,000.00	2,000,000.00	非流动负债：		
持有至到期投资	2,000,000.00	3,000,000.00	长期借款	3,000,000.00	3,000,000.00
长期应收款			应付债券	3,000,000.00	2,000,000.00
长期股权投资	2,000,000.00	1,000,000.00	长期应付款		
投资性房地产	1,000,000.00		专项应付款		
固定资产	5,000,000.00	4,000,000.00	预计负债		
在建工程			递延收益		
工程物资			递延所得税负债		
固定资产清理			其他非流动负债		
生产性生物资产			**非流动负债合计**	6,000,000.00	5,000,000.00
油气资产			**负债合计**	10,000,000.00	7,000,000.00
无形资产	2,000,000.00		所有者权益(或股东权益)：		
开发支出			实收资本(或股本)	6,000,000.00	6,000,000.00
商誉			资本公积	2,000,000.00	1,000,000.00
长期待摊费用			减：库存股		
递延所得税资产			其他综合收益		
其他非流动资产			盈余公积	1,000,000.00	800,000.00
非流动资产合计	15,000,000.00	10,000,000.00	未分配利润	1,000,000.00	200,000.00
			所有者权益(或股东权益)合计	10,000,000.00	8,000,000.00
资产总计	20,000,000.00	15,000,000.00	**负债和所有者权益(或股东权益)合计**	20,000,000.00	15,000,000.00

单位负责人　　会计主管　　复核　　制表

图 9-18　资产负债表(2016 年 12 月 31 日)

利润表（一般企业会计准则）

编制单位：　金陵钱多多公司　　　　2016　年 12 月　　　　单位：元

项目	行次	本期金额	上期金额
一、营业收入	1	20,000,000.00	15,000,000.00
减：营业成本	2	16,000,000.00	12,000,000.00
税金及附加	3	50,000.00	40,000.00
销售费用	4	1,000,000.00	960,000.00
管理费用	5	650,000.00	500,000.00
财务费用	6	300,000.00	200,000.00
资产减值损失	7		
加：公允价值变动收益（损失以"−"号填列）	8		
投资收益（损失以"−"号填列）	9		
其中：对联营企业和合营企业的投资收益	10		
二、营业利润（亏损以"−"号填列）	11	2,000,000.00	1,300,000.00
加：营业外收入	12		300,000.00
其中：非流动资产处置利得	13		
减：营业外支出	14	1,000,000.00	800,000.00
其中：非流动资产处置损失	15		
三、利润总额（亏损总额以"−"号填列）	16	1,000,000.00	800,000.00
减：所得税费用	17	250,000.00	200,000.00
四、净利润（净亏损以"−"号填列）	18	750,000.00	600,000.00
五、其他综合收益的税后净额	19		
（一）以后不能重分类进损益的其他综合收益	20		
1.重新计量设定受益计划净负债或净资产的变动			
2.权益法下在被投资单位不能重分类进损益的其他综合收益中享有的份额			
（二）以后将重分类进损益的其他综合收益	21		
1.权益法下在被投资单位以后将重分类进损益的其他综合收益中享有的份额			
2.可供出售金融资产公允价值变动损益			
3.持有至到期投资重分类为可供出售金融资产损益			
4.现金流经套期损益的有效部分			
5.外币财务报表折算差额			
六、综合收益总额	22		
七、每股收益：	23		
（一）基本每股收益	24		
（二）稀释每股收益	25		

单位负责人：万元　　　　会计主管　　　　复核　　　　制表

图 9-19　利润表(2016 年 12 月)

单据：

总资产报酬率计算表

项　目	数　值
税前利润(万元)	
利息支出(万元)	
平均资产总额(万元)	
总资产报酬率(%)	

【业务 9.4.3】

金陵采矿公司成立于 2010 年，主营铁矿石开采及冶炼业务，公司目前发展态势良好。请根据背景资料（见图 9-20～图 9-22）填写盈利能力指标计算表。

说明：公司 2013—2015 年的资产负债率一直维持在 50％。计算结果保留两位小数。

背景资料：

图 9-20　金陵采矿公司近 3 年销售额统计

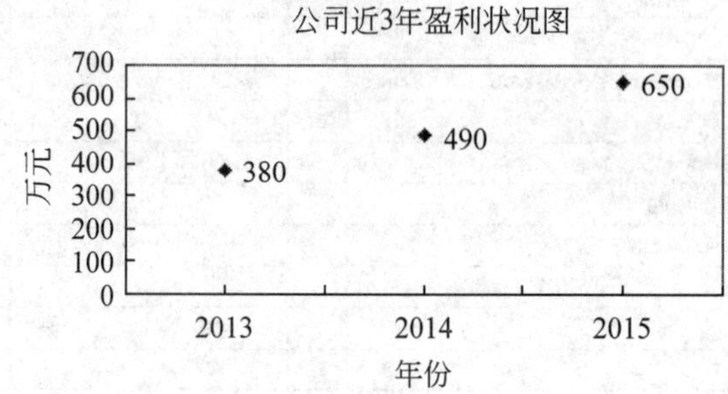

图 9-21　金陵采矿公司近 3 年盈利状况

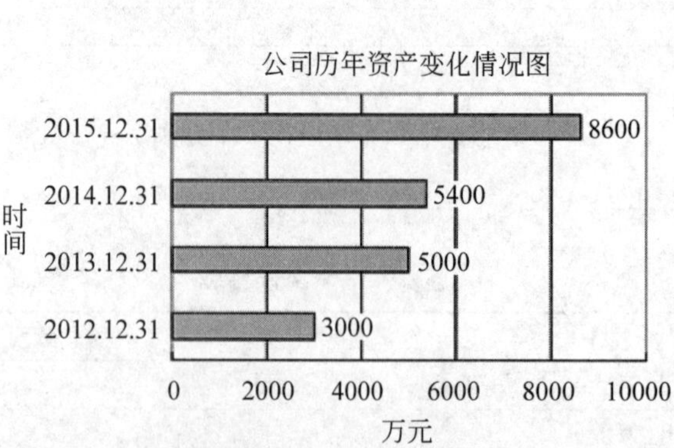

图 9-22　金陵采矿公司近 4 年资产变化情况

单据：

盈利能力指标计算表

项　　目	2013 年	2014 年	2015 年
销售净利率(%)			
资产净利率(%)			
净资产收益率(%)			

【业务 9.4.4】

承接业务 9.4.3，将业务 9.4.3 的计算结果与行业数据(见图 9-23)进行对比，确定公司盈利能力在行业中所处的位置，填写盈利能力指标比较分析表。

说明：计算结果保留两位小数。

背景资料：

中国主要行业盈利能力指标统计(部分)

序号	所 属 行 业	销售净利率(%)	资产净利率(%)	净资产收益率(%)
1	医药制造业	8.4	5.6	11.4
2	建筑材料制造业	6.9	5.0	13.6
3	采矿业	13.7	9.3	19.1
4	房地产业	6.6	4.5	11.4
6	交通运输、仓储业	6.2	3.2	6.3
7	食品加工与制造业	5.3	7.4	16.4
8	计算机服务和软件业	3.4	5.9	13.3
9	交通运输设备制造业	3.5	3.4	12.3
10	商业、餐饮业、服务业	2.1	4.7	14.6

图 9-23　中国主要行业盈利能力指标统计(部分)

单据：

盈利能力指标比较分析表

项　　目	销售净利率	资产净利率	净资产收益率
3 年算术平均值(%)			
行业数据(%)			
行业比较(填写“高于”或“低于”)			

【业务 9.4.5】

金陵钱多多股份有限公司 2016 年税后净利润为 25 亿元，当前股价为 80 元/股。请根据背景资料(见图 9-24)填写市盈率计算表。

背景资料：

证券代码：600176　　　　证券简称：金陵钱多多　　　　公告编号：2017-034

金陵钱多多股份有限公司2016年年度权益分派实施公告

本公司董事会及全体董事保证本公告内容不存在任何虚假记载、误导性陈述或者重大遗漏，并对其内容的真实性、准确性和完整性承担个别及连带责任。

金陵钱多多股份有限公司(以下简称“公司”)2016年年度利润分配方案已获2017年5月22日召开的2016年年度股东大会审议通过。公司2016年年度股东大会决议公告已刊登在2016年5月23日的《证券时报》《上海证券报》和巨潮资讯网(http://www.cninfo.com.cn)，现将利润分配实施事宜公告如下。

一、利润分配方案

公司2016年年度利润分配方案为：以公司现有总股本500000000股为基数，向全体股东派发现金红利共计2亿元人民币，即每股发放现金股利0.4元。

二、股权登记日与除息日

股权登记日：2016年5月26日。

除息日：2016年5月27日。

三、利润分配对象

本次利润分配对象为：截至2017年5月26日下午上海证券交易所收市后，在中国证券登记结算有限公司登记在册的本公司全体股东。

四、分配实施办法

……

五、有关咨询办法

……

特此公告。

金陵钱多多股份有限公司董事会

2017年5月24日

图9-24　权益分派实施公告

单据：

市盈率计算表

项　　目	数　　值
每股收益(元/股)	
每股股利(元/股)	
市盈率	

【业务 9.4.6】

请根据背景资料(见图 9-25 和图 9-26)，利用杜邦分析法对金陵钱多多公司的财务指标进行分析，填写杜邦分析法相关指标计算表。

说明：计算结果有小数位的保留两位小数，无小数位的保留整数。

背景资料：

资产负债表

编制单位：金陵钱多多公司　　2016 年 12 月 31 日　　单位：元

资 产	期末余额	年初余额	负债和所有者权益(或股东权益)	期末余额	年初余额
流动资产：			流动负债：		
货币资金	5,000,000.00	3,000,000.00	短期借款	5,000,000.00	4,000,000.00
以公允价值计量且其变动计入当期损益的金融资产	1,500,000.00		以公允价值计量且其变动计入当期损益的金融负债	1,000,000.00	
应收票据			应付票据		
应收账款	20,000,000.00	10,000,000.00	应付账款	6,000,000.00	2,500,000.00
预付款项	2,500,000.00	1,000,000.00	预收款项	3,000,000.00	
应收利息			应付职工薪酬	2,000,000.00	1,300,000.00
应收股利			应交税费	2,000,000.00	1,200,000.00
其他应收款	1,000,000.00		应付利息	1,000,000.00	1,000,000.00
存货	10,000,000.00	6,000,000.00	应付股利		
一年内到期的非流动资产			其他应付款		
其他流动资产			一年内到期的非流动负债		
流动资产合计	40,000,000.00	20,000,000.00	其他流动负债		
非流动资产：			**流动负债合计**	20,000,000.00	10,000,000.00
可供出售金融资产	10,000,000.00		非流动负债：		
持有至到期投资			长期借款	20,000,000.00	10,000,000.00
长期应收款			应付债券	10,000,000.00	10,000,000.00
长期股权投资	15,000,000.00		长期应付款		
投资性房地产			专项应付款		
固定资产	30,000,000.00	34,000,000.00	预计负债		
在建工程			递延收益		
工程物资			递延所得税负债		
固定资产清理			其他非流动负债		
生产性生物资产			**非流动负债合计**	30,000,000.00	20,000,000.00
油气资产			**负债合计**	50,000,000.00	30,000,000.00
无形资产	5,000,000.00	6,000,000.00	所有者权益(或股东权益)：		
开发支出			实收资本(或股本)	20,000,000.00	20,000,000.00
商誉			资本公积	10,000,000.00	5,000,000.00
长期待摊费用			减：库存股		
递延所得税资产			其他综合收益		
其他非流动资产			盈余公积	10,000,000.00	2,000,000.00
非流动资产合计	60,000,000.00	40,000,000.00	未分配利润	10,000,000.00	3,000,000.00
			所有者权益(或股东权益)合计	50,000,000.00	30,000,000.00
资产总计	100,000,000.00	60,000,000.00	**负债和所有者权益(或股东权益)合计**	100,000,000.00	60,000,000.00

单位负责人　　会计主管　　复核　　制表

图 9-25　资产负债表(2016 年 12 月 31 日)

利润表（一般企业会计准则）

编制单位：　金陵钱多多公司　　　2016　年 12 月　　　　　　单位：元

项目	行次	本期金额	上期金额
一、营业收入	1	200,000,000.00	180,000,000.00
减：营业成本	2	152,000,000.00	14,000,000.00
税金及附加	3	500,000.00	400,000.00
销售费用	4	10,000,000.00	10,000,000.00
管理费用	5	30,000,000.00	20,000,000.00
财务费用	6	1,500,000.00	1,600,000.00
资产减值损失	7		
加：公允价值变动收益（损失以"-"号填列）	8		
投资收益（损失以"-"号填列）	9		
其中：对联营企业和合营企业的投资收益	10		
二、营业利润（亏损以"-"号填列）	11	6,000,000.00	8,000,000.00
加：营业外收入	12	2,500,000.00	1,000,000.00
其中：非流动资产处置利得	13		
减：营业外支出	14	500,000.00	3,000,000.00
其中：非流动资产处置损失	15		
三、利润总额（亏损总额以"-"号填列）	16	8,000,000.00	6,000,000.00
减：所得税费用	17	2,000,000.00	1,500,000.00
四、净利润（净亏损以"-"号填列）	18	6,000,000.00	4,500,000.00
五、其他综合收益的税后净额	19		
(一) 以后不能重分类进损益的其他综合收益	20		
1.重新计量设定受益计划净负债或净资产的变动			
2.权益法下在被投资单位不能重分类进损益的其他综合收益中享有的份额			
(二) 以后将重分类进损益的其他综合收益	21		
1.权益法下在被投资单位以后将重分类进损益的其他综合收益中享有的份额			
2.可供出售金融资产公允价值变动损益			
3.持有至到期投资重分类为可供出售金融资产损益			
4.现金流经套期损益的有效部分			
5.外币财务报表折算差额			
六、综合收益总额	22		
七、每股收益：	23		
（一）基本每股收益	24		
（二）稀释每股收益	25		

单位负责人：　　　　会计主管　　　　　复核　　　　　制表

图 9-26　利润表(2016 年 12 月)

单据：

杜邦分析法相关指标计算表

项　　目	数　　值
销售净利率(%)	
总资产周转率(次)	
总资产净利率(%)	
权益乘数(平均总资产÷平均所有者权益)	
净资产收益率(%)	

任务9.5　项目综合实训

【业务9.5.1】

为确保在未来市场竞争中占据有利地位，金陵钱多多公司管理层决定对近两年的财务状况和经济效益情况运用杜邦分析法进行全面分析，以便找出公司存在的问题，并针对问题提出改进措施。请根据背景资料（见图9-27～图9-30）计算公司2015年和2016年的净资产收益率，填写净资产收益率及差异计算表。

说明：计算结果保留两位小数。

背景资料：

资产负债表

编制单位：金陵钱多多公司　　　　2016年　12月　31日　　　　单位：元

资 产	期末余额	年初余额	负债和所有者权益(或股东权益)	期末余额	年初余额
流动资产：			流动负债：		
货币资金	200,000.00	150,000.00	短期借款	500,000,000.00	400,000,000.00
以公允价值计量且其变动计入当期损益的金融资产	360,000.00	300,000.00	以公允价值计量且其变动计入当期损益的金融负债	5,000,000.00	
应收票据			应付票据		
应收账款	723,040,000.00	760,000,000.00	应付账款	40,000,000.00	75,900,000.00
预付款项	5,400,000.00	6,500,000.00	预收款项	5,000,000.00	3,000,000.00
应收利息			应付职工薪酬	3,000,000.00	5,000,000.00
应收股利			应交税费	2,000,000.00	4,000,000.00
其他应收款	63,300,000.00	56,600,000.00	应付利息	5,000,000.00	6,000,000.00
存货	953,000,000.00	705,650,000.00	应付股利		
一年内到期的非流动资产			其他应付款		
其他流动资产			一年内到期的非流动负债		
流动资产合计	1,745,300,000.00	1,529,200,000.00	其他流动负债		
非流动资产：			**流动负债合计**	560,000,000.00	493,900,000.00
可供出售金融资产			非流动负债：		
持有至到期投资			长期借款	128,300,000.00	86,200,000.00
长期应收款			应付债券		
长期股权投资	20,900,000.00	68,600,000.00	长期应付款		
投资性房地产			专项应付款		
固定资产	473,400,000.00	332,300,000.00	预计负债		
在建工程	129,500,000.00	131,600,000.00	递延收益		
工程物资			递延所得税负债		
固定资产清理			其他非流动负债		
生产性生物资产			**非流动负债合计**	128,300,000.00	86,200,000.00
油气资产			**负债合计**	688,300,000.00	580,100,000.00
无形资产			所有者权益(或股东权益)：		
开发支出			实收资本(或股本)	1,400,000,000.00	1,400,000,000.00
商誉			资本公积	46,030,000.00	79,100,000.00
长期待摊费用			减：库存股		
递延所得税资产	6,900,000.00		其他综合收益		
其他非流动资产	155,500,000.00	147,500,000.00	盈余公积	72,470,000.00	50,000,000.00
非流动资产合计	786,200,000.00	680,000,000.00	未分配利润	324,700,000.00	100,000,000.00
			所有者权益(或股东权益)合计	1,843,200,000.00	1,629,100,000.00
资产总计	2,531,500,000.00	2,209,200,000.00	**负债和所有者权益(或股东权益)合计**	2,531,500,000.00	2,209,200,000.00

单位负责人　　　　会计主管　　　　复核　　　　制表

图9-27　资产负债表（2016年12月31日）

资产负债表

编制单位：金陵钱多多公司　　　　2015 年 12 月 31 日　　　　单位：元

资 产	期末余额	年初余额	负债和所有者权益(或股东权益)	期末余额	年初余额
流动资产：			流动负债：		
货币资金	150,000.00	200,000.00	短期借款	400,000,000.00	300,000,000.00
以公允价值计量且其变动计入当期损益的金融资产	300,000.00	450,000.00	以公允价值计量且其变动计入当期损益的金融负债		
应收票据			应付票据		
应收账款	760,000,000.00	97,000,000.00	应付账款	75,900,000.00	80,000,000.00
预付款项	6,500,000.00	7,700,000.00	预收款项	3,000,000.00	5,000,000.00
应收利息			应付职工薪酬	5,000,000.00	2,000,000.00
应收股利			应交税费	4,000,000.00	3,000,000.00
其他应收款	56,600,000.00	69,900,000.00	应付利息	6,000,000.00	5,000,000.00
存货	705,650,000.00	223,150,000.00	应付股利		
一年内到期的非流动资产			其他应付款		
其他流动资产			一年内到期的非流动负债		
流动资产合计	1,529,200,000.00	398,400,000.00	其他流动负债		
非流动资产：			**流动负债合计**	493,900,000.00	395,000,000.00
可供出售金融资产			非流动负债：		
持有至到期投资			长期借款	86,200,000.00	31,400,000.00
长期应收款			应付债券		
长期股权投资	68,600,000.00	14,200,000.00	长期应付款		
投资性房地产			专项应付款		
固定资产	332,300,000.00	313,200,000.00	预计负债		
在建工程	131,600,000.00	21,510,000.00	递延收益		
工程物资			递延所得税负债		
固定资产清理			其他非流动负债		
生产性生物资产			**非流动负债合计**	86,200,000.00	31,400,000.00
油气资产			**负债合计**	580,100,000.00	426,400,000.00
无形资产			所有者权益(或股东权益)：		
开发支出			实收资本(或股本)	1,400,000,000.00	300,000,000.00
商誉			资本公积	79,100,000.00	
长期待摊费用			减：库存股		
递延所得税资产			其他综合收益		
其他非流动资产	147,500,000.00		盈余公积	50,000,000.00	20,910,000.00
非流动资产合计	680,000,000.00	348,910,000.00	未分配利润	100,000,000.00	
			所有者权益(或股东权益)合计	1,629,100,000.00	320,910,000.00
资产总计	2,209,200,000.00	747,310,000.00	**负债和所有者权益(或股东权益)合计**	2,209,200,000.00	747,310,000.00

单位负责人　　　　会计主管　　　　复核　　　　制表

图 9-28　资产负债表(2015 年 12 月 31 日)

利润表（一般企业会计准则）

编制单位： 金陵钱多多公司 2016 年 12 月 单位：元

项目	行次	本期金额	上期金额
一、营业收入	1	989,700,000.00	948,800,000.00
减：营业成本	2	420,500,000.00	391,000,000.00
税金及附加	3	89,000,000.00	99,600,000.00
销售费用	4	43,500,000.00	52,700,000.00
管理费用	5	97,200,000.00	107,000,000.00
财务费用	6	18,500,000.00	3,600,000.00
资产减值损失	7		
加：公允价值变动收益（损失以"-"号填列）	8		
投资收益（损失以"-"号填列）	9		
其中：对联营企业和合营企业的投资收益	10		
二、营业利润（亏损以"-"号填列）	11	321,000,000.00	294,900,000.00
加：营业外收入	12		
其中：非流动资产处置利得	13		
减：营业外支出	14		
其中：非流动资产处置损失	15		
三、利润总额（亏损总额以"-"号填列）	16	321,000,000.00	294,900,000.00
减：所得税费用	17	80,250,000.00	73,725,000.00
四、净利润（净亏损以"-"号填列）	18	240,750,000.00	221,175,000.00
五、其他综合收益的税后净额	19		
(一)以后不能重分类进损益的其他综合收益	20		
1.重新计量设定受益计划净负债或净资产的变动			
2.权益法下在被投资单位不能重分类进损益的其他综合收益中享有的份额			
(二)以后将重分类进损益的其他综合收益	21		
1.权益法下在被投资单位以后将重分类进损益的其他综合收益中享有的份额			
2.可供出售金融资产公允价值变动损益			
3.持有至到期投资重分类为可供出售金融资产损益			
4.现金流经套期损益的有效部分			
5.外币财务报表折算差额			
六、综合收益总额	22		
七、每股收益：	23		
（一）基本每股收益	24		
（二）稀释每股收益	25		

单位负责人： 会计主管 复核 制表

图 9-29 利润表(2016 年)

利润表（一般企业会计准则）

编制单位：　金陵钱多多公司　　　　2015 年 12 月　　　　单位：元

项目	行次	本期金额	上期金额
一、营业收入	1	948,800,000.00	881,000,000.00
减：营业成本	2	391,000,000.00	316,400,000.00
税金及附加	3	99,600,000.00	95,300,000.00
销售费用	4	52,700,000.00	9,900,000.00
管理费用	5	107,000,000.00	164,900,000.00
财务费用	6	3,600,000.00	13,400,000.00
资产减值损失	7	0.00	
加：公允价值变动收益（损失以"-"号填列）	8	0.00	
投资收益（损失以"-"号填列）	9	0.00	
其中：对联营企业和合营企业的投资收益	10	0.00	
二、营业利润（亏损以"-"号填列）	11	294,900,000.00	281,100,000.00
加：营业外收入	12	0.00	0.00
其中：非流动资产处置利得	13	0.00	0.00
减：营业外支出	14	0.00	0.00
其中：非流动资产处置损失	15	0.00	0.00
三、利润总额（亏损总额以"-"号填列）	16	294,900,000.00	281,100,000.00
减：所得税费用	17	73,725,000.00	70,275,000.00
四、净利润（净亏损以"-"号填列）	18	221,175,000.00	210,825,000.00
五、其他综合收益的税后净额	19		
(一) 以后不能重分类进损益的其他综合收益	20		
1.重新计量设定受益计划净负债或净资产的变动			
2.权益法下在被投资单位不能重分类进损益的其他综合收益中享有的份额			
(二) 以后将重分类进损益的其他综合收益	21		
1.权益法下在被投资单位以后将重分类进损益的其他综合收益中享有的份额			
2.可供出售金融资产公允价值变动损益			
3.持有至到期投资重分类为可供出售金融资产损益			
4.现金流经套期损益的有效部分			
5.外币财务报表折算差额			
六、综合收益总额	22		
七、每股收益：	23		
（一）基本每股收益	24		
（二）稀释每股收益	25		

单位负责人：　　　　会计主管　　　　复核　　　　制表

图 9-30　利润表(2015 年)

单据：

净资产收益率及差异计算表

项　　目	数　　值
2015 年的净资产收益率(%)	
2016 年的净资产收益率(%)	
2016 年相对 2015 年的差异(%)	

【业务 9.5.2】

承接业务 9.5.1,金陵钱多多公司总经理特别关注公司净资产收益率、总资产净利率的变化原因。假如你是公司的财务经理,请你对以上指标进行相关因素分析,确定各因素变化对总差异影响的贡献,填写盈利能力指标差异因素分析表。

说明:计算结果保留两位小数。

单据:

盈利能力指标差异因素分析表

项目	数值
2015 年总资产净利率(%)	
2015 年权益乘数	
2016 年总资产净利率(%)	
2016 年权益乘数	
总资产净利率对净资产收益率的影响(%)	
权益乘数对净资产收益率的影响(%)	
影响净资产收益率变化的主要因素	
2015 年销售净利率(%)	
2015 年总资产周转率(次)	
2016 年销售净利率(%)	
2016 年总资产周转率(次)	
销售净利率对总资产净利率变化的影响(%)	
总资产周转率对总资产净利率变化的影响(%)	
影响总资产净利率变化的主要因素	

【业务 9.5.3】

承接业务 9.5.1 和业务 9.5.2,财务部门人员在具体分析过程中发现销售净利率变化出现异常,请对 2015 年和 2016 年销售净利率的变动总差异进行构成比率因素分析,找出各构成比率变动对总差异的影响份额,填写销售净利率变动因素分析表。

说明:计算结果保留两位小数。

单据:

销售净利率变动因素分析表

项目	计算公式	计算结果(%)
销售净利率总差异	2016 年销售净利率－2015 年销售净利率	
营业成本的变动影响	2015 年营业成本/营业收入－2016 年营业成本/营业收入	
销售费用的变动影响	2015 年销售费用/营业收入－2016 年销售费用/营业收入	
税金及附加的变动影响	2015 年税金及附加/营业收入－2016 年税金及附加/营业收入	
管理费用的变动影响	2015 年管理费用/营业收入－2016 年管理费用/营业收入	

续表

项　目	计 算 公 式	计算结果(%)
财务费用的变动影响	2015 年财务费用/营业收入－2016 年财务费用/营业收入	
所得税的变动影响	2015 年所得税/营业收入－2016 年所得税/营业收入	

【业务 9.5.4】

(多选题)承接业务 9.5.1～业务 9.5.3,金陵钱多多公司的财务经理助理根据上述计算结果撰写了财务分析报告,对影响净资产收益率、总资产净利率和销售净利率变动的因素进行了分析,并提出相应的改进意见。以下结论符合财务分析报告的有(　　)。

A. 总资产净利率和权益乘数下降都是导致净资产收益下降的不利因素

B. 总资产周转率和销售净利率下降都是导致总资产净利率下降的不利因素

C. 公司因强化企业管理,缩短生产经营周期

D. 销售费用率的上升是导致销售净利率下降的不利因素

E. 财务费用率的上升是导致销售净利率下降的不利因素